Isaac Newton y las leyes del universo

Jane Weir, MPhys

Créditos de publicación

Rachelle Cracchiolo, M.S.Ed., *Editora comercial*
Emily R. Smith, M.A.Ed., *Vicepresidenta superior de desarrollo de contenido*
Véronique Bos, *Vicepresidenta de desarrollo creativo*
Dona Herweck Rice, *Gerenta general de contenido*
Caroline Gasca, M.S.Ed., *Gerenta general de contenido*

Autores colaboradores en ciencias

Sally Ride Science

Asesores en ciencias

Michael E. Kopecky,
    Director del departamento de ciencias,
    Bachillerato Chino Hills
Jane Weir, Magíster en física

5482 Argosy Avenue
Huntington Beach, CA 92649
www.tcmpub.com
ISBN 979-8-7659-6064-6
© 2024 Teacher Created Materials, Inc.
Printed by: 51497
Printed in: China

Tabla de contenido

¡Hágase Newton!

Imagina un mundo donde nadie sabe por qué la Tierra gira alrededor del Sol. Imagina que nadie sabe por qué las cosas van hacia abajo si las dejas caer. Imagina un mundo sin autos, televisión ni computadoras. Así era el mundo antes de que naciera Isaac Newton.

⬇ Newton nació y se crio en el campo.

⬆ Isaac Newton

Isaac Newton nació el 4 de enero de 1643 en Lincolnshire, Inglaterra. Nació mucho antes de lo que debía y era muy pequeñito. Nadie pensó que sobreviviría. Pero así fue. Su madre decía que cuando nació era tan pequeño que cabía en una jarra.

El padre de Newton era granjero. Murió unos meses antes de que naciera su hijo. Cuando Newton tenía dos años, su madre volvió a casarse y se mudó con su nuevo marido. Pero no llevó a su hijo pequeño con ella. El padrastro de Newton no se lo permitió. Entonces, el niño quedó al cuidado de su abuela. La madre de Newton y su nuevo marido tuvieron otros tres hijos.

Newton vivió sin su madre hasta los diez años. Fue entonces cuando su padrastro murió. Su mamá y los niños fueron a vivir con Newton.

Cumpleaños

Newton nació el 4 de enero de 1643, según el calendario que usamos hoy. Pero en su época se usaba otro. Según ese calendario, Newton nació el 25 de diciembre de 1642, es decir, el día de Navidad.

Newton fue a la escuela de su vecindario. Al principio, no le iba bien. Sus maestros decían que no prestaba atención. Después lo mandaron a The King's School, una escuela que era más grande y mejor. Newton talló su nombre en el alféizar de una ventana de la biblioteca de la escuela. Su firma puede verse hasta el día de hoy.

Newton se convirtió en el mejor estudiante de la escuela. Mientras estudiaba, vivía con una familia de la zona. Newton y la hija de esa familia se comprometieron. Cuando él se fue a la universidad, se concentró en sus estudios. No le prestaba mucha atención a su novia. Por eso, ella se casó con otro hombre. Newton nunca se casó. Algunas personas dicen que jamás pudo olvidar a su primer amor.

La escuela de la infancia de Newton aún existe.

estatua de Aristóteles

La madre de Newton quería que fuera granjero. Él intentó complacerla. Trabajó en una granja antes de ir a la universidad. Pero no podía dejar de pensar en sus estudios. No era feliz en la granja. El director de The King's School convenció a la madre de que lo dejara estudiar.

En la universidad a la que asistía Newton, se estudiaba a Aristóteles. Aristóteles fue un filósofo de la antigua Grecia. Newton quería estudiar ideas mejores y más nuevas. Decidió estudiar a los filósofos y los científicos modernos por su cuenta.

Director de la Casa de Moneda

De adulto, Newton estuvo a cargo de la Casa de Moneda de Gran Bretaña. Su trabajo era reemplazar las monedas viejas, que estaban hechas a mano, con monedas nuevas fabricadas con máquinas. También se dedicaba a perseguir a los falsificadores de dinero.

Un matemático distraído

Newton era una persona distraída. Se dice que, cuando tenía invitados para la cena y se levantaba de la mesa para buscar la comida, solía distraerse pensando en algún problema de matemáticas. ¡A veces hasta se olvidaba de volver a la mesa!

Muchas personas recuerdan a Newton por la leyenda de la manzana que le cayó en la cabeza.

La naturaleza y sus leyes se escondían en la noche.
Dios dijo: "¡Hágase Newton!" y todo fue luz.

Eso dijo Alexander Pope, el famoso escritor inglés, sobre Newton. Lo que Pope quería decir es que Newton fue capaz de explicar misterios de la naturaleza que nadie había comprendido antes.

Para continuar sus investigaciones, Newton inventó una nueva forma de hacer matemáticas, llamada **cálculo**. Pero a él no le gustaba hablar de sí mismo ni de su trabajo. Durante 30 años, no le contó a nadie sobre la rama de las matemáticas que había inventado.

⬆ Alexander Pope

Todo un caballero

En 1705, Newton fue nombrado caballero por la reina. Desde entonces, se le conoce como sir Isaac Newton.

⬆ Este juego se llama péndulo de Newton. Demuestra algunos de los descubrimientos de Newton sobre el movimiento.

Newton sabía usar muy bien las matemáticas para describir cosas que observaba en la naturaleza. Por ejemplo, observaba el movimiento. El movimiento es causado por una **fuerza**. Newton no sabía qué era lo que causaba las fuerzas de la naturaleza. Pero sí sabía que podía medir sus efectos, como el movimiento. En esos temas trabajó la mayor parte de su vida.

Es necesario medir las fuerzas en acción para enviar un cohete al espacio.

Laura Bassi (1711–1778)

Laura Bassi fue una de las primeras mujeres en realizar un doctorado. Es el mayor grado académico que se puede alcanzar. También fue una de las primeras mujeres que cobró un salario como profesora universitaria. Estudió todo tipo de ciencias y matemáticas. También aprendió cuatro idiomas. Bassi se casó con un colega, un profesor como ella. Tuvieron 12 hijos. Laura siguió trabajando al mismo tiempo que criaba a sus hijos. Luchó para que le dieran más responsabilidades en la universidad. También luchó por un mejor salario y mejores equipos para hacer experimentos de física. Entre los científicos, ella fue una de las primeras en estudiar y trabajar sobre las enseñanzas de Newton.

Las ideas de Newton

Principia

Newton escribió un libro famoso acerca de las fuerzas y la forma en que se mueven las cosas. El libro tiene un nombre largo en latín. Para acortarlo, se le llama **Principia**. Es uno de los libros científicos más importantes que se hayan escrito.

A Newton no le gustaba presumir de su trabajo. Solo publicó el libro porque sus amigos lo animaron a hacerlo. Uno de ellos incluso pagó la publicación.

Principia de Newton, publicado en 1687 ➡

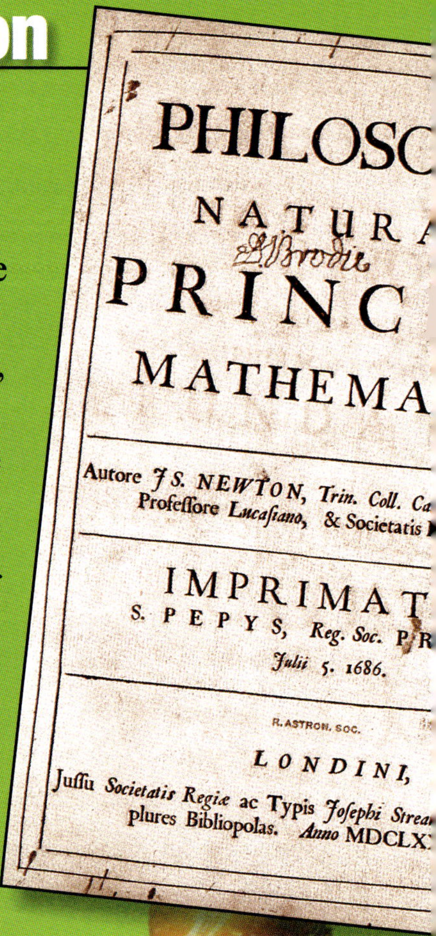

PHILOSO
NATURA
Mr Brodie
PRINC
MATHEMA

Autore JS. NEWTON, Trin. Coll. Ca
Professore Lucasiano, & Societatis

IMPRIMAT
S. PEPYS, Reg. Soc. PR
Julii 5. 1686.

R. ASTRON. SOC.

LONDINI,
Jussu Societatis Regiæ ac Typis Josephi Strea
plures Bibliopolas. Anno MDCLX

El libro tiene tres partes. La primera trata de la **gravedad**. Newton demuestra que la gravedad hace que todo lo que tiene **masa** atraiga al resto. La segunda parte es acerca de cómo se mueven las cosas en sustancias como el aire o el agua. La tercera es sobre el movimiento de los planetas y otros cuerpos en el espacio.

La mecánica newtoniana

Newton describió las fuerzas tan bien que las matemáticas que ahora se usan para calcular cómo se mueven las cosas llevan su nombre. Se conocen como mecánica newtoniana. Usando esas matemáticas, podemos calcular el camino que sigue una fresa que cae por el aire y aterriza en un tazón. Podemos calcular cuán rápido caerá una piedra que lanzamos. Podemos calcular cuánta fuerza hay que hacer para levantar un libro del suelo. Podemos explicar la trayectoria de la Luna alrededor de la Tierra. De hecho, el movimiento de todo lo que vemos puede explicarse con el sistema de Newton.

La caída de las fresas representa la gravedad, que se describe en la primera ley de Newton. El desplazamiento de la leche provocado por las fresas representa la segunda ley de Newton.

¿Una fuerza oscura?

Los filósofos de la época de Newton criticaron su teoría de la gravedad porque no explicaba cuál era la causa de la gravedad. Pensaban que, según la teoría, la gravedad parecía ser una fuerza misteriosa y oscura. Eso les daba miedo. Pero Newton no intentó identificar qué era la gravedad. Él se limitó a describir la forma en que mueve las cosas.

El newton

La unidad del sistema internacional (SI) que se usa para medir la fuerza es el **newton**, nombrado, por supuesto, en honor a Isaac Newton.

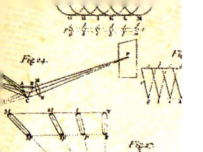

Las leyes del movimiento

Tal vez lo más conocido de la obra de Newton sean las tres leyes acerca de la forma en que se mueven las cosas. Newton no escribió esas leyes. Lo hicieron otros científicos después de estudiar su trabajo. Las llamaron las leyes del movimiento de Newton. La mecánica newtoniana se basa en esas leyes.

La primera ley de Newton

La primera ley del movimiento de Newton es la ley de la **inercia**. La inercia es la **resistencia** a los cambios en el movimiento. La ley dice que un objeto seguirá haciendo lo que está haciendo a menos que actúe sobre él una fuerza no equilibrada. Eso se aplica tanto a las cosas que están quietas como a las que se mueven. Las cosas que están quietas seguirán estando quietas. Las cosas que se están moviendo seguirán moviéndose en línea recta y con la misma rapidez.

Según la primera ley de Newton, una bicicleta no cambiará su movimiento hasta que algo produzca el cambio.

La segunda ley de Newton

La segunda ley de Newton es la ley de la **aceleración**. Describe lo que sucede cuando se aplica una fuerza sobre un objeto. Dice que, cuanto mayor sea la fuerza, más acelera o se frena el objeto. También dice que el objeto siempre se mueve en la misma dirección que la fuerza. Se necesita una fuerza mayor para que un objeto pesado acelere o frene lo mismo que un objeto liviano. Eso tiene sentido. Por ejemplo, una bola de boliche es más difícil de arrojar que una pelota de tenis. Es más difícil frenar un auto que una bicicleta.

Esta es una página escrita a mano por el mismo Isaac Newton.

Hace falta más fuerza para empujar a un adulto en un columpio que para empujar a un niño.

La tercera ley de Newton

La tercera ley del movimiento de Newton es la ley de acción y reacción. Por cada acción hay una reacción igual y opuesta. Entonces, cuando una fuerza se aplica sobre un objeto, o lo empuja, el objeto también empuja, o aplica otra fuerza igual en la dirección opuesta. La fuerza que ejerce el objeto se llama fuerza de reacción.

Esta ley explica muchas cosas. Por ejemplo, explica por qué podemos mover un bote con un remo. El agua ejerce sobre el remo una fuerza igual a la que el remo ejerce sobre el agua. Eso es lo que mueve el bote. También explica por qué una silla se queda en su lugar en vez de atravesar el suelo. El suelo ejerce una fuerza contra la silla y la mantiene en su lugar. También, cuando le pegas a una pelota de béisbol con un bate, la pelota ejerce sobre el bate una fuerza igual a la que el bate ejerce sobre la pelota. ¡Pégale bien y todas esas fuerzas producirán un jonrón!

Diversión en movimiento

Lo sepan o no, quienes practican *snowboard* aprovechan las fuerzas y el movimiento para realizar sus trucos. Al bajar por una montaña, la *snowboarder* va cada vez más rápido porque la gravedad hace que acelere. La fuerza de reacción de la pista la empuja hacia arriba y adelante. La fricción y la resistencia del aire se oponen a su movimiento y disminuyen su rapidez. La *snowboarder* podría untarle cera a la base de la tabla para reducir la fricción contra la nieve y deslizarse más rápido. También podría agacharse para reducir la resistencia del aire y perder menos rapidez. Cuando inclina la tabla hacia un lado, cambia la dirección en la que actúa la fuerza de reacción. Así, dobla para un lado o para el otro. Cuando hace un *ollie* (un tipo de pirueta), gira, se da vuelta y se ladea para cambiar el centro de gravedad de su cuerpo sobre la tabla y mantenerse estable.

La fuerza de la pelota sobre el bate que la golpea se llama fuerza de reacción. Se produce en reacción a la fuerza que ejerce el bate en movimiento.

Imagina qué pasaría al arrojar una bola de nieve si no hubiera gravedad. ¡La bola simplemente seguiría volando hasta perderse en el espacio!

La gravedad

Newton se dio cuenta de que la fuerza que hace que los planetas giren alrededor del Sol es la misma que hace que las cosas caigan hacia la Tierra. Esa fuerza se llama gravedad. Se dice que Newton entendió la gravedad cuando vio una manzana que caía de un árbol. Entonces se dio cuenta de que la manzana y la Luna se parecen. La gravedad atrae a ambas hacia la Tierra.

La gravedad nos mantiene en el suelo. Evita que salgamos flotando hacia el espacio. También hace que la Tierra gire alrededor del Sol y que la Luna gire alrededor de la Tierra. Sin gravedad, las cosas flotarían a la deriva por el espacio.

Newton observó los planetas en el cielo. Se dio cuenta de que eran atraídos hacia el Sol. Cuanto más cerca está un planeta del Sol, más fuerte es la atracción.

¡Escápate!

Si logras que algo se mueva lo suficientemente rápido, ese objeto tendrá la energía necesaria para escapar de la gravedad terrestre y entrar en órbita. La **velocidad de escape** de la Tierra es de 11 kilómetros (7 millas) por segundo, lo cual es realmente muy rápido. Así es como los vehículos espaciales logran salir de nuestro planeta.

Emilie de Breteuil (1706–1749)

Emilie de Breteuil nació en Francia en una familia de mucho dinero. Su familia creía que su deber era conseguir un buen esposo, pero su padre pensaba que era demasiado alta para que alguien quisiera casarse con ella. (Medía 5 pies y 9 pulgadas). Para compensar su estatura, el padre le dio una muy buena educación. Finalmente, Emilie se casó a los 19 años, pero entonces ya había aprendido mucho. Después del nacimiento de su tercer hijo, empezó a estudiar la obra de Newton. Tradujo los *Principia* al francés. Su traducción sigue usándose hasta el día de hoy. Gracias a ella, Newton se hizo muy conocido en Francia. Emilie también escribió un libro de física para su hijo. Y construyó un laboratorio en su casa de campo. Cuando quedó embarazada otra vez a los 42 años, temía no sobrevivir al parto. Se puso a trabajar tanto que apenas dormía. Quería asegurarse de terminar tanto como pudiera. Murió seis días después del parto, pero había terminado su trabajo.

Newton también observó la Luna. Descubrió que era atraída hacia la Tierra. Si la gravedad terrestre dejara de atraerla, la Luna saldría disparada en línea recta, alejándose de la Tierra. Es la primera ley de Newton. La gravedad de nuestro planeta atrae a la Luna constantemente. Por eso, la Luna gira alrededor de la Tierra. Pensemos en una pelota unida a un cordel. Si haces girar la pelota alrededor de tu cabeza, la tensión del cordel actúa como la gravedad. Hace que la pelota se mueva en círculos. Si soltaras el cordel, la pelota saldría disparada en un ángulo. Eso es lo que pasaría con la Luna si la gravedad terrestre dejara de existir.

La Luna tiene energía debido a su movimiento. Es por eso que la gravedad terrestre no hace que la Luna choque contra la Tierra. Si algo detuviera el movimiento de la Luna, entonces esta sí caería en la Tierra. Lo mismo sucede con el ejemplo de la pelota y el cordel: si la pelota se mueve demasiado lento, ¡caerá hacia tu cuerpo!

La gravedad evita que la Luna se aleje de la Tierra, igual que el cordel evita que la pelota en movimiento se aleje del poste.

Luna

Tierra

¿Por qué la montaña rusa provoca esa sensación rara en la panza?

Cuando saltas desde un lugar alto o bajas por una pendiente empinada en una montaña rusa, estás bajo la influencia de la gravedad. Sientes que no pesas nada porque no hay una fuerza de reacción que te empuje desde abajo. En una montaña rusa, la gravedad actúa sobre tu asiento y lo acelera hacia abajo tal como te acelera a ti. Es por eso que el asiento no te empuja hacia arriba con una fuerza de reacción, como haría normalmente. Todo lo que tienes dentro del cuerpo puede moverse por su cuenta, pero el cuerpo está compuesto mayormente por agua, entonces adentro hay más resistencia que afuera. Eso impide que, al principio, algunos de tus órganos internos aceleren tanto como el exterior de tu cuerpo. Entonces, sientes un sacudón (como si el estómago te saltara a la boca) hasta que el exterior obliga al interior a acelerar con el resto del cuerpo.

La luz

Newton no estaba de acuerdo con las teorías de su época sobre la luz. En aquel entonces, las personas pensaban que la **luz blanca** era la luz natural. Creían que la luz de color se forma cuando la luz pasa por el aire o el agua y, por lo tanto, sufre un cambio. Pensaban que los arcoíris (llamados **espectros**) se forman cuando la luz atraviesa un **prisma** porque el prisma cambia la luz.

Newton hizo un experimento con dos prismas de vidrio. Demostró que, si se hace pasar el espectro que sale de un prisma por otro prisma, los colores no vuelven a cambiar. Así comprendió que la luz blanca debía de estar compuesta por todos los colores del arcoíris. El prisma, simplemente, la descomponía en diferentes colores. A partir de esa idea, se supo cómo se forman los arcoíris.

Newton cambió la forma de entender la luz. Pero muchas personas criticaron sus ideas. Newton se cansó de tener que defenderlas. Por eso, publicó sus estudios sobre la luz 30 años después de terminarlos.

La luz blanca está compuesta por todos los colores del arcoíris. El prisma separa los diferentes colores de la luz blanca de forma que se pueden ver individualmente.

Un científico humilde

Newton era modesto respecto de sus logros. Una vez dijo que, si había sido capaz de ver más lejos que otros, era porque se había parado sobre los hombros de gigantes. Eso significa que Newton reconocía que sus descubrimientos se basaban en las ideas de los científicos del pasado.

Newton inventó muchos aparatos. Algunos siguen usándose actualmente. Inventó un **microscopio de reflexión**. También diseñó y construyó el primer **telescopio reflector**. Ambos tienen espejos. Antes, todos los telescopios tenían lentes. Las lentes son piezas curvas de vidrio, como las de las gafas. El tipo de telescopio que inventó Newton todavía se usa. Es muy útil para observar grupos de estrellas. Se llama telescopio newtoniano.

Newton creía que era importante contar con lentes de calidad. Decidió experimentar con unas lentes y una placa de vidrio para ver si descubría algo nuevo. Vio que, si iluminaba las lentes y la placa desde cierto ángulo, se formaban anillos de luz. Hoy se conocen como **anillos de Newton**. Se usan para probar la calidad de las superficies de las lentes.

Los **sextantes** tenían un tubo visor para buscar estrellas en el cielo y un borde de metal con medidas para determinar la latitud.

anillos de Newton ➡

Newton también escribió una fórmula para describir hasta qué distancia las lentes enfocan la luz. Se conoce como ecuación de la lente. Se usa para construir cualquier objeto que contenga una lente. De hecho, Newton tallaba sus propias lentes para construir sus telescopios.

Los marineros de aquella época tenían mucho que agradecerle a Newton. Él diseñó el sextante. Los marineros usaban el sextante para determinar su posición en el mar. Para ubicarse, observaban el Sol y las estrellas.

← réplica del telescopio reflector de Newton

Los pollos de Newton

Newton fue un científico tan famoso e importante que todo el mundo lo conoce. Es tan conocido que hasta se hacen chistes sobre él. Abajo podrás leer las respuestas a un chiste famoso, pero adaptado a las leyes del movimiento y de la gravedad de Newton.

¿Por qué cruzó la calle el pollo?
Primera ley del movimiento: los pollos que están en reposo permanecen en reposo. Los pollos que están en movimiento cruzan la calle.

Segunda ley del movimiento: el pollo recibió un empujón.

Tercera ley del movimiento: el pollo fue empujado por otro pollo, que quedó patas arriba por empujar tan fuerte.

Ley de la gravedad: el pollo fue atraído por otro pollo más grande que estaba al otro lado de la calle.

Soluciones en secreto

En 1662, se fundó en Inglaterra la Real Sociedad. Era como un "club para científicos muy inteligentes". Promovía la investigación y los descubrimientos en las ciencias. Allí, los científicos se reunían y hablaban de los temas que los intrigaban. A veces, intercambiaban problemas a manera de desafío. Newton se destacaba resolviendo esos problemas.

En 1696, un **matemático** suizo les propuso un problema a todos los expertos en matemáticas de Europa. Les dio seis meses para resolverlo. Newton lo resolvió en una noche. Como no le gustaba comentar sus pruebas matemáticas, la publicó anónimamente en la revista de la Real Sociedad. (De hecho, Newton no publicó con su nombre ninguno de sus trabajos matemáticos antes de los 60 años de edad).

Cuando otro científico famoso propuso otro problema, Newton también halló la respuesta en una noche. Y esos fueron solo dos de los muchos problemas matemáticos complicados que resolvió. En 1703, Newton fue nombrado presidente de la Real Sociedad.

Una nueva rama de las matemáticas

Newton inventó una forma de usar las matemáticas para conectar cosas relacionadas, como el área total y el volumen, o la rapidez y la aceleración. Su método ahora se conoce como cálculo. Es una rama completa de las matemáticas. Newton también escribió una regla llamada **teorema del binomio**. Se usa para resolver problemas matemáticos.

salón de la Real Sociedad ➡

El fin de su obra

Newton trabajó en ideas e inventos nuevos hasta que murió el 20 de marzo de 1727. Tenía 85 años. Tuvo una vida larga y plena. Cuando murió, muchas personas lo lamentaron. Fue enterrado en la abadía de Westminster con gran pompa y una importante ceremonia. Muchas personas famosas de Inglaterra están enterradas allí.

Ingeniera civil: Oksana Wall

Walt Disney World®

A lo más alto

Cuando Oksana Wall tenía 13 años, ella y su familia viajaron desde Venezuela para visitar Walt Disney World®. Oksana se preguntó quién construía los juegos. Cuando descubrió que eran diseñados por ingenieros, decidió que ella también quería ser ingeniera. Y quería trabajar para Disney, por supuesto.

Ahora, Oksana trabaja con todo tipo de juegos y se asegura de que sean divertidos, seguros y únicos. "Me encanta trabajar en muchos proyectos a la vez —dice Oksana—. Mi trabajo es muy divertido".

¿Qué es lo que más disfruta Oksana? "Nosotros tenemos la oportunidad de probar todas las atracciones y, además, podemos ver cuánto les gustan a los visitantes". ¿Sabes quiénes son los visitantes de los que habla? ¡Tú, por ejemplo!

Estar allí

Para diseñar un juego, se necesita contar con el trabajo en equipo y la cooperación de ingenieros mecánicos, ingenieros eléctricos, arquitectos y artistas.

Dicen los expertos

"Un buen juego te hace disfrutar de la fantasía y escapar de la realidad".

¿Es para ti?

Los ingenieros civiles diseñan edificios y estructuras que serán usados por muchas personas. Si te dedicas a la ingeniería civil, tal vez...

• construyas estadios o rascacielos;

• planifiques autopistas o aeropuertos;

• diseñes puentes o represas.

Oksana busca ideas nuevas para montañas rusas y otras atracciones apasionantes.

En las montañas rusas de Oksana, se experimentan y se disfrutan todas las leyes de Newton.

Materiales

- cronómetro
- un cordel de 1.25 metros de largo
- 50 gramos de plastilina
- un soporte de laboratorio y una abrazadera; o cinta adhesiva y una mesa o el marco de una puerta
- hoja de papel
- marcador

Procedimiento

1   Corta un cordel de 1.25 metros.

2   Haz un péndulo uniendo una bolita de plastilina al extremo del cordel.

3   Mide un metro en el cordel partiendo desde el centro de la bola de plastilina. Haz una marca en el cordel. Usa el soporte y la abrazadera para colgar el péndulo desde la marca de 1 metro. Si estás haciendo este experimento en tu casa y no tienes un soporte y una abrazadera, puedes pegar el péndulo con cinta adhesiva al borde de una mesa o al marco de una puerta.

4 Levanta la bolita de plastilina a un lado del péndulo. Prepara el cronómetro.

5 Suelta la bolita y activa el cronómetro.

6 Cuenta 10 ciclos completos del péndulo (desde el punto de salida hasta que vuelve al mismo lugar). Detén el cronómetro cuando vuelva al punto de salida por décima vez.

7 Anota el tiempo que tardó el péndulo en completar 10 ciclos.

8 Acorta el péndulo a 0.5 metros y repite el experimento.

9 Divide entre 10 el tiempo de los 10 ciclos para calcular el tiempo de un ciclo. Este valor se llama período del péndulo.

10 Anota los resultados en una tabla como la que se muestra aquí.

11 Usa el período (el tiempo de un ciclo) que obtuviste en el paso 9 para calcular la fuerza de la gravedad. Usa esta fórmula:

gravedad = (39 × largo)/(tiempo de un ciclo × tiempo de un ciclo)

Calcula la gravedad con los dos péndulos que hiciste. No es tan fácil, ¡pero puedes hacerlo!

Compara los dos valores de la gravedad que obtuviste. ¿Cómo influye en el período el cambio de longitud del péndulo?

10

Longitud del péndulo	Tiempo de 10 ciclos	Tiempo de 1 ciclo
1 m		
0.5 m		

Glosario

aceleración: la tasa de cambio de la velocidad; en lenguaje coloquial, aumentar la rapidez

anillos de Newton: un patrón de luz que se forma al colocar una lente de alta calidad sobre una placa de vidrio muy lisa

cálculo: un método que se usa para calcular una cantidad a partir de otra cantidad conocida relacionada, por ejemplo, la velocidad a partir de la aceleración; una rama de las matemáticas

espectros: arcoíris de colores que componen la luz blanca

fuerza: un empuje o un jalón que, en general, hace que un objeto se mueva

gravedad: la fuerza de atracción que actúa sobre la masa

inercia: la resistencia a un cambio en el movimiento

luz blanca: la luz que parece no tener color, pero está compuesta por todos los colores del espectro electromagnético; por ejemplo, la luz del sol

masa: la cantidad de materia

matemático: alguien que trabaja con las matemáticas

microscopio de reflexión: un aparato construido con espejos en lugar de lentes con el que se pueden observar cosas muy pequeñas, como insectos

newton: la unidad estándar que se usa para medir la fuerza

Principia: un famoso libro escrito por Newton sobre las leyes de la naturaleza

prisma: un objeto de cristal que se usa en experimentos con la luz

resistencia: la fuerza que actúa contra el movimiento de un objeto

sextantes: aparatos que usaban los marineros para determinar la posición usando como guía la altura del Sol o de las estrellas en el cielo

telescopio reflector: un aparato construido con espejos en lugar de lentes con el que se pueden observar objetos del cielo, como las estrellas

teorema del binomio: un método que se usa para calcular la suma de una serie matemática

velocidad de escape: la velocidad necesaria para escapar del campo gravitacional de un cuerpo

Índice

Sally Ride Science

Sally Ride Science

Sally Ride Science™ es una innovadora empresa de desarrollo de contenido que se dedica a incentivar el interés de los jóvenes en las ciencias. Nuestras publicaciones y programas brindan a estudiantes y maestros la oportunidad de explorar el maravilloso mundo de las ciencias, desde la astrobiología hasta la zoología. Trabajamos para hacer que las ciencias cobren vida y para mostrarles a los jóvenes lo creativas, colaborativas, fascinantes y divertidas que pueden ser.

Créditos de imágenes

Portada Christie's Images/SuperStock; pág.3 Liv Falvey/Shutterstock; pág.4 (superior) Lexy Sinnott/Shutterstock; pág.4 (izquierda) The Granger Collection, Nueva York; pág.4 (derecha) Christie's Images/SuperStock; pág.5 (fondo) Elena Elisseeva/Shutterstock; pág.5 (superior) Mary Evans Picture Library/Alamy; pág.5 (inferior) Chris Kryzanek/iStockphoto.com; pág.6 (superior) Elmtree Images/Alamy; pág. 6 (inferior) Dhoxax/Shutterstock; pág.7 (derecha) Duncan Walke/iStockphoto; pág.7 (izquierda) The Granger Collection, Nueva York; pág.8 (superior) The Granger Collection, Nueva York; pág.8 (inferior) ErickN/Shutterstock; pág.9 (derecha) Library of Congress; pág.9 (izquierda) Photos.com; pág.10 (superior) Photos.com; pág.10 (inferior) Diego Cervo/Shutterstock; págs.10—11 Photos.com; pág.11 Margaret Smeaton/Shutterstock; pág.12 (superior) The Granger Collection, Nueva York; pág.12 (inferior) Photos.com; pág.13 (izquierda) Photos.com; pág.13 (derecha) The Granger Collection, Nueva York; pág.14 Jeff Hinds/Shutterstock; pág.15 Jason Lugo/iStockphoto.com; pág.16 (superior) Chris Harvey/Shutterstock; pág.16 (inferior) Photos.com; pág.17 (izquierda) Jan Kaliciak/Shutterstock; pág.17 (derecha) The Granger Collection, Nueva York; pág.18 Peter Baxter/Shutterstock; pág.19 Photos.com; pág.20 (superior) Photos.com; pág.20 (inferior) Stijn Peeters/Shutterstock; pág.21 The Granger Collection, Nueva York; pág.22 (superior) Photos.com; pág.22 (inferior, derecha) Photo Researchers Inc., Nueva York; págs.22—23 (inferior, izquierda) Photo Researchers, Inc. ; pág.23 (izquierda) Photos.com; pág.23 (derecha) Tim Bradley; pág.25 (superior) The Granger Collection, Nueva York; pág.25 (inferior) The Granger Collection, Nueva York; pág.26 (fondo) Cary Kalscheuer/Shutterstock; pág.26 (inferior) Walt Disney World; págs.26—27 Kenneth Denton; pág.27 Michael Braun/iStockphoto.com; pág.28 (superior) Photos.com; págs.28—29 Nicoll Rager Fuller; pág.32 Getty Images

Animales terrestres

Resolver ecuaciones y desigualdades

Lori Barker

Asesoras

Pamela Dase, M.A.Ed.
Maestra certificada por la Junta Nacional

Barbara Talley, M.S.
Universidad de Agricultura y Mecánica de Texas

Créditos de publicación

Rachelle Cracchiolo, M.S.Ed., *Editora comercial*
Emily R. Smith, M.A.Ed., *Vicepresidenta superior de desarrollo de contenido*
Véronique Bos, *Vicepresidenta de desarrollo creativo*
Caroline Gasca, M.S.Ed., *Gerenta general de contenido*
Robin Erickson, *Directora superior de arte*

Créditos de imágenes

Portada eROMAZe/Shutterstock; pág.1 eROMAZe/Shutterstock; pág.4 Freder/iStockphoto; pág.5 Anan Kaewkhammul/Shutterstock; pág.6 Michael Sheehan/Shutterstock; págs.6–7 Robert Hardholt/Shutterstock; pág.7 corbis/Photo Library; pág.8 Worlds Wildlife Wonders/Shutterstock; pág.9 worldswildlifewonders/Shutterstock; pág.10 (izquierda) Olinchuk/Shutterstock, (derecha) Getty Images/ Minden Pictures RM; pág.11 Gentoo Multimedia Ltd./Shutterstock; pág.12 Konrad Wothe/Shutterstock; págs.12–13 Armin Rose/ Shutterstock; pág.13 Tui De Roy/Minden Pictures; pág.14 (superior) Jany Sauvanet/Photolibrary, (inferior) Shannon Plummer/Photo Library; págs.14–15 imagebroker/Alamy; pág.15 Olinchuk/Shutterstock; pág.16 (izquierda) Wikimedia, (derecha) Stuart Wilson/Photo Researchers, Inc; pág.17 Getty Images/National Geographic Creative; pág.18 Timothy G. Laman/Getty Images; pág.19 (frente) Sinisa Botas/Shutterstock, (fondo) CathyKeifer/iStockphoto; pág.20 Cheryl Casey/Shutterstock; págs.20–21 Christine F/Shutterstock; pág.21 Cathy Keifer/Shutterstock; pág.22 Kurt_G/Shutterstock; págs.22–23 Sinisa Botas/Shutterstock; pág.23 Liew Weng Keong/Shutterstock; pág.24 Sue Robinson/Shutterstock; págs.24–25 Peter Hestbaek/Shutterstock; pág.25 CathyKeifer/iStockphoto; págs.26–27 Pavelk/ Shutterstock; pág.27 (superior) National Geographic Society/Photolibrary, (izquierda) Jeff Greenberg/Alamy, (derecha) Oli Scarff/Getty Images; pág.28 Rich Carey/Shutterstock; pág.29 Undersea Discoveries/Shutterstock

5482 Argosy Avenue
Huntington Beach, CA 92649
www.tcmpub.com

ISBN 979-8-7659-6060-8
© 2024 Teacher Created Materials, Inc.
Printed by: 51497
Printed in: China

Tabla de contenido

Muchos tipos de animales

Hay millones de especies de animales en el mundo. El reino animal está compuesto por grupos de animales. Estos grupos se basan en determinadas similitudes. Por ejemplo, todos los animales pertenecen al grupo de los **vertebrados** o al grupo de los **invertebrados**. Además, cada animal pertenece a muchos subgrupos. Estos grupos más pequeños se basan en otras similitudes.

Los animales terrestres pertenecen a varias clases dentro del reino animal. Entre los vertebrados están, por ejemplo, los mamíferos, los reptiles y las aves; entre los invertebrados, están los insectos y los arácnidos.

La **clasificación** de los seres vivos según sus similitudes se llama **taxonomía**.

Los guepardos se clasifican como mamíferos. Son los animales terrestres más rápidos y pueden alcanzar una velocidad de 70 millas (113 km) por hora.

Los animales terrestres más grandes

El elefante africano es el animal terrestre más grande del mundo. ¡Este enorme animal tiene un gran apetito! En la naturaleza, los elefantes ingieren entre 220 y 440 libras (100 a 200 kg) de comida por día. Son herbívoros y comen hojas, arbustos, pasto, frutos y corteza de árbol.

Supón que un elefante ingiere 330 libras (150 kg) de comida por día.

Cantidad de días (d)	Comida ingerida por día multiplicada por la cantidad de días (150 · d)	Total de comida ingerida (en kg) (c)
1	150 · 1	150
2	150 · 2	300
3	150 · 3	450
d	150 · d	150d

La **ecuación** $c = 150d$ muestra la cantidad total de comida ingerida (c) en d días.

La letra d en 150d es una **variable**. Una variable es un símbolo o una letra que representa un número. En este caso, representa la cantidad de días. 150d es una **expresión algebraica**. En las expresiones algebraicas, el signo de la multiplicación **se omite**. Cuando un número se escribe inmediatamente antes de una variable, por ejemplo 150d, significa que el número (150) se multiplica por la variable (d).

5

Los elefantes usan la trompa para muchas cosas. Una de esas cosas es beber agua. Un elefante bebe alrededor de 30 a 50 galones (114 a 189 L) de agua por día. El elefante absorbe el agua por las fosas nasales, que están en la trompa. Luego, usa la trompa para soplarse el agua en la boca.

¿Cuánta agua bebe un elefante en una determinada cantidad de días? Supón que un elefante bebe 42 galones (159 L) de agua por día. Sea d el número de días que se cuentan. La ecuación $a = 159d$ muestra el total de litros de agua (a) que bebe el elefante en d días.

Para hallar la **solución** de la ecuación $a = 159d$, podemos usar la **sustitución**. Si queremos hallar cuántos litros de agua bebe el elefante en 2 días, tenemos que sustituir la variable d por el número 2. Es decir, $a = 159(2)$, o $a = 318$. En 2 días, el elefante bebe 318 litros de agua.

Variables dependientes e independientes

En la ecuación $a = 159d$, hay dos variables. La variable d es la variable independiente. La variable a es la variable dependiente. Eso significa que el valor de a depende del valor de d.

Los elefantes usan las orejas tanto para oír como para controlar su temperatura corporal.

EXPLOREMOS LAS MATEMÁTICAS

Los elefantes tienen un oído mucho más agudo que el ser humano. ¡Pueden oír a otros elefantes que están a una distancia de 6.2 millas (10 km)!

Un elefante tiene dos orejas.

a. Determina la cantidad total de orejas (*o*) que tienen 0 a 6 elefantes. Escribe tus respuestas en una tabla como la de la página 5.

b. Escribe una ecuación para representar la cantidad total de orejas que tienen *x* elefantes.

c. Observa la ecuación que escribiste en el problema **b**. Identifica la variable dependiente y la variable independiente.

La lentitud del perezoso

Los perezosos tienen un tamaño parecido al de los gatos **domésticos**, pero se mueven mucho más lento. Pasan la mayor parte de su vida colgando cabeza abajo de las ramas en las selvas de América Central y América del Sur. Los perezosos pueden avanzar unos 15 pies (4.6 m) por minuto cuando se sienten amenazados, pero eso requiere demasiada energía para que puedan sostenerlo en el tiempo. Por lo general, se mueven muy despacio y no avanzan más de 125 pies (38 m) por día.

El perezoso didáctilo de Hoffman tiene dos dedos en las patas delanteras y tres dedos en las patas traseras.

Los perezosos suelen trepar árboles con una rapidez de 6 a 8 pies (1.8 a 2.4 m) por minuto. La tabla de abajo muestra que, si un perezoso trepa un árbol a 7 pies (2 m) por minuto, trepa un total de 28 pies (8.5 m) en 4 minutos. La distancia total (d) depende de la cantidad de minutos (t) que trepe el perezoso.

Tiempo (en minutos) (t)	Rapidez (en pies por minuto) multiplicada por el tiempo ($r \cdot t$)	Distancia total (en pies) (d)
1	7 · 1	7
2	7 · 2	14
3	7 · 3	21
4	7 · 4	28
t	7 · t	7t

La distancia que trepa el perezoso se halla multiplicando la rapidez por el tiempo. La ecuación para hallar una distancia ($d = rt$) se llama *fórmula de la distancia*. En este caso, la distancia es igual a la rapidez de 7 pies por minuto multiplicada por el tiempo en minutos, o $d = 7t$. Al sustituir la variable independiente (t) por distintos valores, hallamos la variable dependiente (d).

Venezuela
Guayana Francesa
Surinam
Colombia
Guyana
Océano Atlántico

Brasil

Perú

Bolivia

Paraguay
Argentina
Chile

un perezoso en Brasil

EXPLOREMOS LAS MATEMÁTICAS

Un perezoso trepa un árbol con una rapidez de 6 pies por minuto desde un punto de partida que está a 5 pies del suelo.

a. Determina a qué distancia total del suelo estará el perezoso después de trepar durante 1, 2, 3 y t minutos. Escribe tus respuestas en una tabla como la de la página 9.

b. Escribe una ecuación que pueda usarse para hallar a qué distancia del suelo llegará el perezoso luego de trepar durante distintos períodos de tiempo.

c. Identifica la variable dependiente y la variable independiente en la ecuación que escribiste en el problema **b**.

d. Escribe un problema que pueda representarse con la ecuación $d = 8t + 10$.

El pingüino emperador

Los elefantes y los perezosos son mamíferos, pero hay muchos otros tipos de animales terrestres en el reino animal. El pingüino emperador pertenece a la clase de las aves. Si bien pasa mucho tiempo en el agua, vive sobre el hielo en la Antártida. Es la especie de pingüino más grande, con una altura de hasta 48 pulgadas (122 cm) y un peso de 49 a 99 libras (22 a 45 kg).

Si p = peso en kilos, entonces $p \geq 22$ y $p \leq 45$. La variable p es mayor que o igual a 22 kilogramos y menor que o igual a 45 kilogramos. La recta numérica de abajo representa la **desigualdad**. Los círculos sólidos de la gráfica indican que los números (en este caso, 22 y 45) están incluidos en la solución.

22 23 24 25 26 27 28 29 30 31 32 33 34 35 36 37 38 39 40 41 42 43 44 45

Mientras que otros animales se van de la Antártida durante los meses helados del invierno, los pingüinos emperador se quedan allí para **reproducirse**. De hecho, caminan de 31 a 75 millas (50 a 121 km) sobre el hielo para llegar a las colonias donde se reproducen.

Supón que un pingüino emperador tiene que recorrer 68 millas (110 km) para llegar a la zona de reproducción. La cantidad de kilómetros que le falta recorrer depende de cuántos ya recorrió. La ecuación $f = 110 - d$ muestra la cantidad de kilómetros que faltan (f) si ya avanzó una determinada distancia (d).

Distancia recorrida (en kilómetros) (d)	Distancia total (110 km) menos la distancia recorrida ($110 - d$)	Distancia faltante (en kilómetros) (f)
0	$110 - 0$	110
20	$110 - 20$	90
40	$110 - 40$	70
60	$110 - 60$	50
d	$110 - d$	$110 - d$

Después de que la hembra pone un huevo, el macho lo **incuba** durante unos dos meses. El huevo queda apoyado sobre sus patas y debajo de un pliegue de piel y plumas. ¡El padre se queda sin comer todo el tiempo que pasa protegiendo el huevo!

EXPLOREMOS LAS MATEMÁTICAS

a. Usa la ecuación $f = 110 - d$ para hallar la cantidad de kilómetros que le falta recorrer a un pingüino si ya recorrió 30 kilómetros.

b. Sustituye d por 38 en la ecuación $f = 110 - d$ para hallar los kilómetros que le falta recorrer al pingüino después de avanzar 38 kilómetros.

c. La desigualdad $d \geq 0$ muestra que la distancia recorrida tiene que ser mayor que o igual a cero. Escribe una desigualdad para mostrar que la cantidad de kilómetros que falta recorrer debe ser menor que o igual a 110.

La taipán del interior

La taipán del interior pertenece a la clase de los reptiles y es nativa de los desiertos áridos y calurosos de la región central de Australia. También conocida como la *serpiente feroz*, es la serpiente más venenosa del mundo. Si bien una mordida sería suficientemente **tóxica** como para matar a 100 personas adultas, la taipán del interior es un animal tímido. Prefiere esconderse en una madriguera que atacar a su enemigo.

La mordida de una serpiente venenosa puede causar necrosis, que es la muerte de las células y los tejidos.

Aunque se trata de una serpiente muy venenosa, no hay registro de que una taipán del interior le haya provocado la muerte a un ser humano. Se han registrado algunas mordeduras, pero todas se curaron con un **antiveneno**.

La taipán del interior cambia de color a lo largo del año. Es más oscura en el invierno y más clara en el verano. Este cambio de color le permite regular su temperatura corporal. El color más oscuro permite que la serpiente absorba más luz en el invierno, cuando el sol no es tan fuerte. La cabeza y el cuello suelen ser las partes más oscuras de la taipán del interior. De esa manera, la serpiente puede absorber toda la luz solar que necesita mientras casi todo su cuerpo está escondido en la madriguera.

La taipán del interior puede alcanzar una longitud de hasta 8.2 pies (2.5 m). Sin embargo, la mayoría de estas serpientes están más cerca de los 5.9 pies (1.8 m) de largo.

Indonesia

Papúa Nueva Guinea

Océano Índico

Mar del Coral

Australia

CLAVE

hábitat de la taipán del interior

Océano Índico

Tasmania

El equidna de hocico largo

El equidna de hocico largo vive en la isla de Nueva Guinea. Este interesante animal está clasificado como mamífero, pero, a diferencia de otros mamíferos, el equidna pone huevos.

El equidna de hocico largo no tiene dientes. En cambio, tiene una lengua con espinas diminutas con la que atrapa gusanos, hormigas y termitas para comer. Para capturar a su presa, el equidna mete y saca la lengua de su pequeña boca en forma de tubo con gran rapidez. El pelaje del equidna también está cubierto de espinas. Puede enrollarse como un erizo y extender sus espinas para protegerse.

Nueva Guinea

¿Lo sabías?

El equidna es una de las especies más antiguas que viven en la actualidad en la Tierra.

La población de equidnas de hocico largo se ha reducido un 80 por ciento en los últimos 35 a 40 años. El ser humano ha destruido el hábitat boscoso del equidna para desarrollar la agricultura y la minería, y ha cazado esta especie hasta llevarla al límite de la extinción.

El equidna de hocico largo pesa unos 5 a 10 kilogramos.

Si p = peso en kilogramos, entonces el peso del equidna podría escribirse así: $p \geq 5$ y $p \leq 10$.

El peso del equidna de hocico largo también puede representarse así: $5 \leq p \leq 10$. En ambas desigualdades, la variable p es mayor que o igual a 5 kilogramos y menor que o igual a 10 kilogramos. La desigualdad se representa en la siguiente recta numérica.

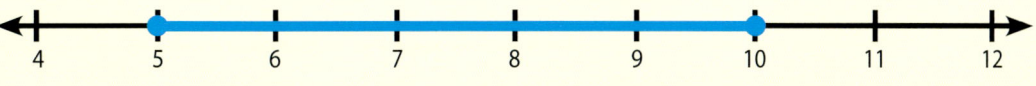

Hoy en día, el equidna de hocico largo está en peligro de extinción. El proyecto EDGE, sigla en inglés que significa "evolutivamente distintas y globalmente en peligro", busca conservar especies únicas que están a punto de desaparecer. EDGE ha declarado que el equidna de hocico largo es el principal mamífero en el que enfocará sus esfuerzos de investigación y conservación.

un científico trabajando con un equidna en peligro de extinción

EXPLOREMOS LAS MATEMÁTICAS

Imagina que eres un investigador que está estudiando un grupo de 100 equidnas de hocico largo. Los equidnas se enfermaron y tienes que averiguar qué les sucede.

a. Hoy harás al menos 10 pruebas. Mañana harás, como máximo, 8 pruebas más. Escribe dos desigualdades: una que represente la cantidad de pruebas que harás hoy y una que represente la cantidad de pruebas que harás mañana. Representa cada desigualdad en una recta numérica.

b. Ya has hecho pruebas a una cantidad determinada de equidnas (*e*). Escribe una ecuación que represente la cantidad de equidnas a los que falta hacer pruebas (*f*).

c. Sustituye *e* por 39 en la ecuación que escribiste en el problema **b**. Halla *f*. Completa el enunciado: Si se hicieron pruebas a ____ equidnas, falta hacer pruebas a ____ equidnas.

d. Identifica la variable dependiente en la ecuación que escribiste en el problema **b**. ¿Cómo sabes que es la variable dependiente?

¡Cuántas arañas!

Las arañas son arácnidos. Son invertebrados sin antenas, con el cuerpo dividido en dos partes, patas articuladas y un exoesqueleto. El exoesqueleto de las arañas no crece. Para crecer, la araña tiene que deshacerse de su antiguo exoesqueleto. Este proceso se llama *muda*. Las arañas jóvenes mudan su exoesqueleto más seguido que las arañas mayores.

Cuando a la araña le crece un nuevo exoesqueleto, se deshace del viejo, y entonces tiene unos días para crecer mientras el nuevo exoesqueleto se endurece. Las arañas mudan el exoesqueleto entre 4 y 12 veces antes de llegar a la edad adulta.

Una tarántula mexicana de patas anaranjadas se ha desprendido de su exoesqueleto, que quedó dado vuelta a la derecha.

La cantidad de veces que una araña muda de exoesqueleto siempre será mayor que o igual a cero.

Podemos mostrar esto con la desigualdad $m \geq 0$. La gráfica de abajo representa esta desigualdad.

El círculo sólido en la gráfica indica que la cantidad puede ser *mayor que* cero o *igual a* cero.

$$0 \quad 1 \quad 2 \quad 3 \quad 4 \quad 5$$

Supón que hay cinco arañas, todas listas para su primera muda. Dos no han mudado, pero las demás sí. Esta información se podría escribir en una ecuación como $2 + x = 5$. La variable x representa la cantidad de arañas que ya han mudado.

Piensa que una ecuación tiene dos lados que deben estar equilibrados. Los dos lados, separados por el signo de la igualdad, deben tener el mismo valor.

En la ecuación $2 + x = 5$, si quitas dos arañas de ambos lados, los dos lados de la ecuación siguen equilibrados. Creas una nueva **ecuación equivalente** para hallar la solución. La ecuación equivalente es $x = 3$.

Resuelves la ecuación y hallas que tres arañas ya han mudado de exoesqueleto.

Operaciones inversas

Una **operación inversa** es una operación que revierte otra operación. La suma y la resta son operaciones inversas. La multiplicación y la división también lo son. Usa operaciones inversas para **aislar** una variable y resolver una ecuación.

araña bananera

La ecuación puede resolverse con fichas de álgebra o números.

= **ficha de x**. Cada ficha de *x* representa la cantidad desconocida de arañas que ya han mudado, *x*.

= **ficha de 1**. Cada ficha de 1 representa una araña.

Paso 1: Representa la ecuación.

$$2 + x = 5$$

Paso 2: Aísla la variable quitando dos fichas de 1 de cada lado.

$$2 + x = 5$$
$$-2 \quad\quad -2$$

Paso 3: Halla la solución.

$$x = 3$$

Ya han mudado de exoesqueleto 3 arañas.

Las arañas *Portia* son arácnidos muy particulares. Son arañas saltarinas que atacan a otras arañas. A veces, mueven las telas de otras arañas como si hubieran quedado atrapadas allí. En cuanto la otra araña se aproxima, la atacan.

La hembra de al menos una especie de arañas *Portia* puede identificar a su presa a una distancia de hasta 27 centímetros. Supón que un insecto está a 12 centímetros de esta araña. Si se resuelve la desigualdad $12 + x \leq 27$, se puede demostrar que la araña también podría identificar al insecto a 15 centímetros más de distancia. ¡Será mejor que ese insecto se dé prisa y se aleje a más de 15 centímetros!

Cuando cazan, la mayoría de las arañas dependen exclusivamente de su habilidad para percibir las ínfimas vibraciones que produce su presa. Las arañas *Portia* también usan su agudeza visual para cazar otras arañas.

Paso 1: Escribe la desigualdad. $\qquad 12 + x \leq 27$

Paso 2: Aísla la variable. $\qquad \dfrac{-12 \qquad -12}{x \leq 15}$

Paso 3: Halla la solución.

La distancia es menor que o igual a 15 centímetros y mayor que o igual a 0 centímetros.

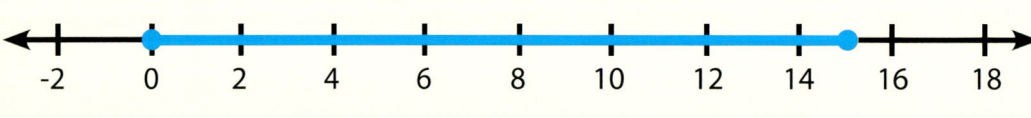

$$x \geq 0 \quad y \quad x \leq 15$$

a. Una araña *Portia* hembra puede identificar una presa a una distancia de 27 centímetros (3 centímetros más que una araña *Portia* macho). Describe de qué forma la ecuación $x + 3 = 27$ representa esta situación.

b. ¿Cómo se relacionan las ecuaciones $x + 3 = 27$ y $y - 3 = 24$? ¿Qué representa la x? ¿Qué representa la y? Resuelve las dos ecuaciones.

c. Imagina que se identifican 200 especies nuevas de arañas saltarinas. El total de especies conocidas llegaría a ser al menos 5,200. La desigualdad que representa esta situación es $x + 200 \geq 5{,}200$. ¿Qué representa la x? Resuelve la desigualdad.

araña *Portia*

Las arañas ponen entre 1 y 2,000 huevos cada vez. Depositan los huevos en sacos de seda, o capullos. Algunas madres protegen sus huevos, algunas los abandonan y algunas mueren después de ponerlos.

La araña lobo lleva consigo el saco de huevos hasta que nacen las crías, alrededor de una semana después.

Imagina que una araña pone 4 sacos de huevos con un total de al menos 20 huevos. Cada saco de huevos contiene la misma cantidad de huevos. ¿Cuántos huevos hay en cada saco? Sea x la cantidad de huevos en el saco.

Paso 1: Representa la desigualdad.

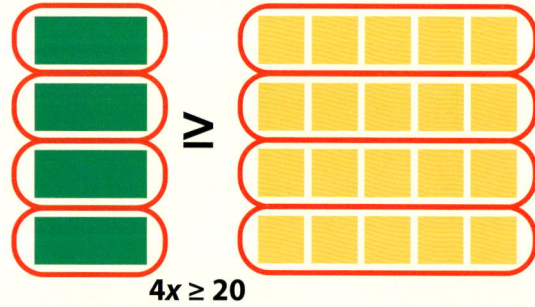

$$4x \geq 20$$

Paso 2: Aísla la variable. Divide las fichas de x y las fichas de 1 en 4 grupos iguales. $\frac{4x}{4} \geq \frac{20}{4}$

(*Pista*: Tal como sucede con las ecuaciones, para que las desigualdades estén equilibradas, cualquier operación que hagas de un lado también debe hacerse del otro lado).

Paso 3: Halla la solución. $x \geq 5$

Las arañas tejen distintos tipos de seda según el uso que le den. Tejen seda para hacer los sacos de los huevos, para envolver a sus presas y para construir las telas con las que atrapan a sus presas.

Una araña atrapó 1,750 insectos en una semana. Si atrapó la misma cantidad de insectos cada día, ¿cuántos insectos atrapó por día?

Paso 1: Escribe la ecuación. $\qquad$ $7x = 1{,}750$

Paso 2: Aísla la variable. $\qquad$ $\frac{7x}{7} = \frac{1{,}750}{7}$

Paso 3: Halla la solución. $\qquad$ $x = 250$

La araña atrapó 250 insectos por día.

Las arañas pueden quedarse pegadas a sus propias telas si no se fijan bien por dónde caminan. Usan un tipo de seda pegajosa para atrapar insectos, pero se mueven por sus telas sobre otro tipo de seda que no es pegajosa.

Estudiar los animales

Los científicos que estudian los animales se llaman zoólogos. Los zoólogos estudian todos los tipos de animales, desde los mamíferos más grandes hasta los invertebrados más pequeños.

Los zoólogos estudian los animales en la naturaleza, en laboratorios y en los zoológicos. Sus investigaciones nos ayudan a comprender mejor a los animales. Incluso descubren especies nuevas. Los científicos no saben con exactitud cuántas especies de animales hay en el planeta, pero estiman que hay entre 3 y 10 millones de especies distintas. De todas esas especies de animales, se han descubierto solo 1.7 millones. Seguramente se descubierto nuevas especies en el asombroso mundo de los animales terrestres.

EXPLOREMOS LAS MATEMÁTICAS

Una de las formas en que los zoólogos aprenden más sobre los animales es a través de la observación. Imagina que se observaron 46 reptiles durante la misma cantidad de tiempo. En total, los zoólogos los observaron durante 552 horas. ¿Durante cuántas horas observaron cada reptil? Escribe una ecuación para resolver el problema y luego resuelve la ecuación.

Tortugas marinas verdes

Algunos animales comienzan su vida en tierra firme, pero luego viven mayormente en el mar. Un ejemplo es la tortuga marina. Las crías de las tortugas marinas nacen de huevos en la tierra, pero al poco tiempo se dirigen al océano. La mayoría pasa la primera parte de su vida lejos de la costa, pero finalmente se acercan a la tierra.

Las tortugas marinas verdes pasan gran parte del tiempo nadando en el agua. Nadan con una rapidez de aproximadamente 0.9 a 1.4 millas (1.4 a 2.3 km) por hora.

Observa la tabla de abajo sobre la rapidez de una tortuga. Puedes ver que la rapidez de desplazamiento está expresada en metros por minuto.

Tiempo (en minutos) (t)	Rapidez (en metros por minuto) multiplicada por el tiempo ($r \cdot t$)	Distancia (en metros) (d)
3	$33 \cdot 3$	99
6	$33 \cdot 6$	198
9	$33 \cdot 9$	297

¡Resuélvelo!

a. Escribe una ecuación para los datos de la tabla. Identifica las variables dependiente e independiente. (*Pista*: ¿Hay valores en la tabla que sean iguales?).

b. ¿Cuántos metros recorrió la tortuga en 6 minutos?

c. La tortuga nadó una distancia de 2,937 metros. ¿Cuántos minutos nadó?

Usa los pasos de abajo como ayuda para resolver los problemas.

Paso 1: Para el problema **a**, usa la fórmula de la distancia como ayuda para escribir una ecuación.

Paso 2: Sustituye *t* por 6 en la ecuación que escribiste en el problema **a** para hallar la distancia que recorrió la tortuga.

Paso 3: Sustituye *d* por 2,937 metros en la ecuación que escribiste en el problema **a**. Aísla la variable *t* realizando la operación inversa en ambos lados de la ecuación.

Glosario

aislar: separar algo para que esté solo

antiveneno: un tratamiento para neutralizar un veneno

clasificación: un proceso en el que se agrupan cosas que son similares

desigualdad: un enunciado matemático que usa los símbolos $<$, $>$, $\leq$ o $\geq$ para comparar dos expresiones

domésticos: animales que se crían para que convivan con las personas

ecuación: una oración numérica que tiene un signo de igualdad

ecuación equivalente: una ecuación que tiene la misma solución que otra ecuación

expresión algebraica: una frase matemática que es una combinación de uno o más números y variables, y una o más operaciones

incuba: se sienta sobre los huevos para darles calor antes de que nazcan las crías

invertebrados: animales que no tienen columna vertebral

operación inversa: una operación que es la opuesta de otra

reproducirse: procrear, formar nuevos seres

se omite: no se incluye

solución: cualquier valor de una variable que hace que la ecuación o la desigualdad sea verdadera; la respuesta a un problema

sustitución: el método de reemplazar una variable por un valor numérico

taxonomía: la ciencia que clasifica a los seres vivos según sus similitudes

tóxica: venenosa

variable: un símbolo o una letra que representa un valor desconocido

vertebrados: animales que tienen columna vertebral

Índice

Exploremos las matemáticas

Página 7:

a.

Cantidad de elefantes (x)	Cantidad de orejas por elefante multiplicada por la cantidad de elefantes ($2 \cdot x$)	Cantidad total de orejas (o)
0	$2 \cdot 0$	0
1	$2 \cdot 1$	2
2	$2 \cdot 2$	4
3	$2 \cdot 3$	6
4	$2 \cdot 4$	8
5	$2 \cdot 5$	10
6	$2 \cdot 6$	12

b. $o = 2x$

c. variable dependiente: o
variable independiente: x

Página 10:

a.

Tiempo (en minutos) (t)	Rapidez (en pies por minuto) multiplicada por el tiempo, sumado a la distancia inicial ($r \cdot t$) + 5	Distancia total (en pies) (d)
1	$(6 \cdot 1) + 5$	11
2	$(6 \cdot 2) + 5$	17
3	$(6 \cdot 3) + 5$	23
t	$(6 \cdot t) + 5$	$6t + 5$

b. $d = 6t + 5$

c. variable dependiente: d;
variable independiente: t

d. Las respuestas variarán.

Página 13:

a. 80 km

b. 72 km

c. $f \leq 110$

Página 18:

a. hoy: $p \geq 10$

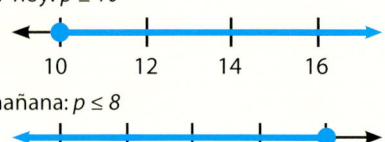

mañana: $p \leq 8$

b. $100 - e = f$ o $e + f = 100$

c. $f = 61$; Si se hicieron pruebas a 39 equidnas, falta hacer pruebas a 61 equidnas.

d. La variable dependiente es f. Es la variable dependiente porque la cantidad a la que falta hacer pruebas depende de la cantidad a la que se hicieron pruebas.

Página 23:

a. x equivale a la distancia desde la que la araña *Portia* macho puede identificar una presa. La ecuación muestra que la distancia desde la que la araña *Portia* hembra puede identificar una presa equivale a 3 centímetros más que la distancia a la que la araña *Portia* macho puede identificar una presa.

b. $x + 3 = y$, e $y - 3 = x$. x representa la distancia a la que la *Portia* macho puede identificar una presa. y representa la distancia a la que la *Portia* hembra puede identificar una presa. $x = 24$ cm; $y = 27$ cm.

c. x representa la cantidad de especies conocidas en la actualidad. $x \geq 5{,}000$

Página 26:

$46x = 552$ o $\frac{552}{46} = x$; $x = 12$ horas

Resolución de problemas

a. $d = 33t$; variable dependiente: d, variable independiente: t

b. 198 metros

c. 89 minutos

Mira cómo crece

crece

Escribir, simplificar y evaluar expresiones

Lori Barker

Asesoras

Pamela Dase, M.A.Ed.
Maestra certificada por la Junta Nacional

Barbara Talley, M.S.
Universidad de Agricultura y Mecánica de Texas

Créditos de publicación

Rachelle Cracchiolo, M.S.Ed., *Editora comercial*
Emily R. Smith, M.A.Ed., *Vicepresidenta superior de desarrollo de contenido*
Véronique Bos, *Vicepresidenta de desarrollo creativo*
Caroline Gasca, M.S.Ed., *Gerenta general de contenido*
Robin Erickson, *Directora superior de arte*

Créditos de imágenes: portada Andreas Reh/iStockphoto; pág.1 Andreas Reh/iStockphoto; pág.4 Paul Whitted/Shutterstock; pág.5 (izquierda) BrandX Pictures/Photo Library; pág.5 (derecha) fuyu liu/Shutterstock; pág.6 nikkytok/Shutterstock; pág.6 (recuadro) Jeff Daniels/Shutterstock; pág.7 Stephen Aaron Rees/Shutterstock; pág.9 Dariusz Majgier/Shutterstock; pág.10 MichaelTaylor/Shutterstock; pág.11 Sebastian Kaulitzki/Shutterstock; pág.12 (izquierda) NNehring/iStockphoto; pág.12 (derecha) Carolina Biological Supply Company/Newscom; pág.13 Blend_Images/iStockphoto; pág.14 Alexander Raths/Shutterstock; pág.15 (izquierda) Dennis Kunkel/Newscom; pág.15 (derecha) M. I. Walker/Photo Researchers, Inc.; pág.16 Educational Images LTD/Custom Medical Stock Photo/Newscom; pág.17 Biophoto Associates/Photo Researchers, Inc.; pág.18 U.S. Department of Agriculture/Photo Researchers, Inc.; pág.20 infalsifable/iStockphoto; pág.21 Hank Morgan/Photo Researchers, Inc.; pág.22 Getty Images/Visuals Unlimited; pág.23 (izquierda) Eugene Sim/Shutterstock; pág.23 (derecha) lovleah/BigStock; pág.24 Eye of Science/Photo Researchers, Inc.; pág.25 marivlada/Shutterstock; pág.26 Shemetov Maxim/Newscom; pág.27 Anton Foltin/Shutterstock; pág.28 c.byattnorman/Shutterstock; pág.28 (recuadro) U.S. Department of Agriculture/Photo Researchers, Inc.

5482 Argosy Avenue
Huntington Beach, CA 92649
www.tcmpub.com
ISBN 979-8-7659-6049-3
© 2024 Teacher Created Materials, Inc.
Printed by: 51497
Printed in: China

Tabla de contenido

Crecimiento a montones

¿Cuánto has crecido desde que naciste? Todos los seres vivos crecen a medida que maduran. Los gatitos bebé se hacen gatos grandes, los renacuajos se transforman en ranas y las semillas se convierten en plantas adultas. Hasta los seres vivos unicelulares, como las bacterias, crecen.

Las poblaciones también crecen. Piensa en los pueblos que tienen unos pocos cientos de habitantes. A veces crecen y pasan a ser ciudades grandes con millones de habitantes. Una población de gérmenes puede aumentar rápidamente de unos pocos a miles, a menos que tomemos medidas, como lavarnos las manos, para prevenir ese crecimiento.

El kelp gigante es el alga que más rápido crece. Llega a crecer hasta 2 pies (61 cm) por día.

Podemos usar **expresiones numéricas** para dar ejemplos específicos de crecimiento. Las expresiones numéricas contienen números y uno o más símbolos de operaciones.

Imagina que al nacer mides 19 pulgadas (48 cm) de alto. Has triplicado tu estatura desde ese momento. Podemos **evaluar** la expresión numérica 3(19) para hallar tu estatura actual en pulgadas.

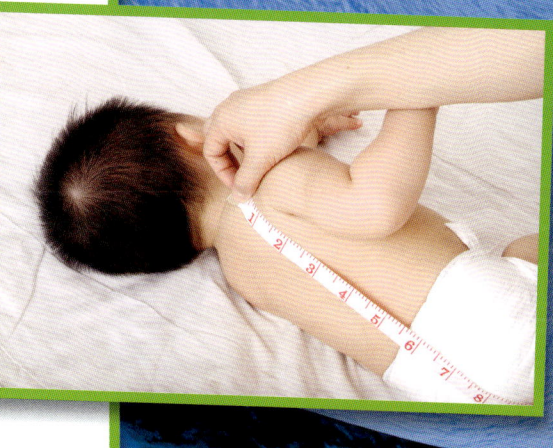

Muchas formas de decirlo

Las expresiones de multiplicación pueden escribirse de diferentes maneras:

$$3 \times 19 \qquad 3 \cdot 19$$
$$3(19) \qquad (3)(19)$$

Seres diminutos

   ¿Sabías que tienes billones de seres diminutos viviendo en el interior y el exterior de tu cuerpo en este mismo instante? Un organismo es algo que está vivo. Tú mismo, los perros, los peces y las plantas son organismos. Muchos de los seres que viven en el interior o el exterior de otros organismos están formados por una sola célula. Hasta esos seres son organismos. Son tan pequeños que a veces reciben el nombre de **microbios**, o microorganismos.

   Estos seres diminutos también viven en otros lugares. Viven en lagos, raíces y botas. Viven debajo de la tierra y en la encimera de tu cocina. Algunos sobreviven en el hielo, mientras que otros viven en ácido en ebullición.

Las esporas de moho son microbios que provienen de alimentos o vegetación en descomposición.

Así como puedes medir tu propio crecimiento, los científicos pueden medir el crecimiento de los microbios. Para estudiar a los seres diminutos, los científicos necesitan una manera de medir longitudes muy pequeñas.

Un metro es igual a 1,000 milímetros (mm). Un milímetro es pequeño, pero no es lo suficientemente pequeño como para medir a la mayor parte de los microbios unicelulares. Para las mediciones muy pero muy pequeñas, se usa el **micrómetro**. Un milímetro es igual a 1,000 micrómetros (μ). Los micrómetros por lo general son lo suficientemente pequeños como para estudiar organismos microscópicos.

Esta regla mide 15 centímetros de largo. También está dividida en milímetros. Mira lo corto que es un milímetro. ¡Un milímetro mide lo mismo que 1,000 micrómetros!

Diferentes maneras de decirlo

Una científica tiene que estudiar 1,000 microbios. Los divide en cinco grupos. La expresión numérica $\frac{1,000}{5}$ representa el número de microbios que hay en cada grupo.

Las expresiones de división pueden escribirse de distintas maneras:

$$5\overline{)1,000} \qquad \frac{1,000}{5} \qquad 1,000 \div 5$$

Ya sabes que un milímetro es igual a 1,000 micrómetros, pero ¿cómo podemos calcular cuántos micrómetros hay en cinco milímetros? Podemos escribir una **expresión algebraica** para mostrar cómo convertir milímetros en micrómetros. Una expresión algebraica es una expresión que contiene **variables**. En este caso, x representará cualquier longitud en milímetros. Puede usarse la expresión algebraica $1,000x$ para la conversión.

EXPLOREMOS LAS MATEMÁTICAS

Las expresiones algebraicas contienen **términos**. En el término $1,000x$, el número (1,000) que se multiplica por la variable (x) se llama **coeficiente**. El término $1,000x$ significa "1,000 multiplicado por el valor x".

coeficiente ⟶ $1,000x$ ⟵ variable

¿Cuántos micrómetros hay en 0.27 milímetros?

Paso 1: Identifica la expresión.	$1,000x$
Paso 2: Identifica el valor de la variable.	Sea $x = 0.27$
Paso 3: Sustituye.	$1,000 \cdot 0.27$
Paso 4: Evalúa la expresión numérica.	270
Paso 5: Escribe la respuesta con la unidad de medida correcta.	270 μ

a. Sigue los pasos anteriores para convertir 1.02 milímetros en micrómetros.

b. Explica con palabras cómo convertir milímetros en micrómetros.

Crear más seres diminutos

A veces un organismo se divide por su cuenta para producir organismos nuevos. A veces se necesitan dos organismos para crear otro de su especie. Cada vez que un organismo crea otro organismo de su propia especie, ocurre la **reproducción**.

La reproducción permite que crezca la población general de plantas, animales o cualquier ser vivo.

una araña cangrejo y sus crías

Hasta los organismos unicelulares se reproducen. La mayoría de ellos se reproducen solos dividiéndose en dos células idénticas.

Las células que se muestran abajo son células bacterianas. Si bien hay bacterias beneficiosas, hay otras que causan enfermedades muy graves. Hay una cepa particular de bacterias que se llama SARM. Las células de SARM se multiplican con rapidez. El SARM es difícil de eliminar, aun si la persona infectada toma antibióticos.

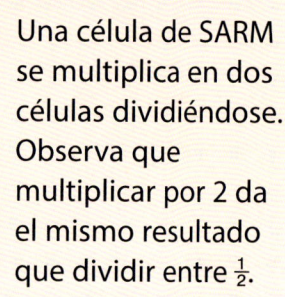

Una célula de SARM se multiplica en dos células dividiéndose. Observa que multiplicar por 2 da el mismo resultado que dividir entre $\frac{1}{2}$.

$$1 \cdot 2 = 2$$
$$1 \div \tfrac{1}{2} = 2$$

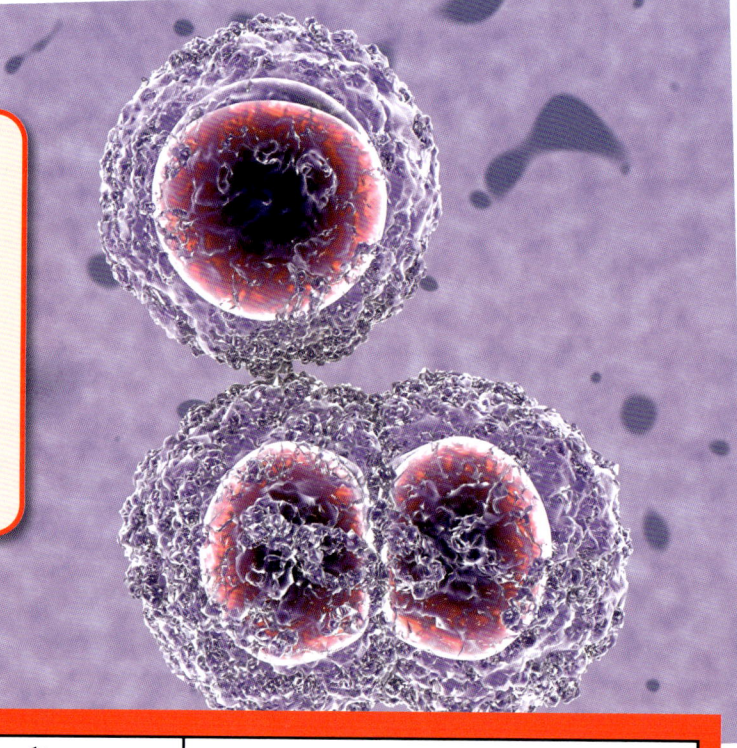

1 célula se duplica	$(1) \cdot 2 = 2$
2 células se duplican	$(2) \cdot 2 = 4$
4 células se duplican	$(2 \cdot 2) \cdot 2 = 8$
8 células se duplican	$(2 \cdot 2 \cdot 2) \cdot 2 = 16$
16 células se duplican	$(2 \cdot 2 \cdot 2 \cdot 2) \cdot 2 = 32$

El SARM es una cepa de la bacteria *Staphylococcus aureus*. Es difícil tratar a una persona con una infección por estafilococos porque hay muy pocos antibióticos capaces de matar las bacterias de SARM.

Forma exponencial

Un factor que se multiplica dos o más veces (como $3 \cdot 3 \cdot 3 \cdot 3$) puede escribirse en **forma exponencial**. La forma exponencial tiene una **base** y un **exponente**. La base es el número que se usa como factor. El exponente es el número que indica cuántos factores iguales deben multiplicarse. $3 \cdot 3 \cdot 3 \cdot 3$ se escribe 3^4 en la forma exponencial. Se lee *tres elevado a la cuarta potencia*.

Las bacterias de *Staphylococcus aureus* parecen racimos de uvas cuando se las ve con un microscopio.

EXPLOREMOS LAS MATEMÁTICAS

Hay 8 células de SARM después de 3 duplicaciones celulares. $2 \cdot 2 \cdot 2 = 8$ también puede escribirse $2^3 = 8$.

a. Expresa en forma exponencial la cantidad de células de SARM que hay después de 6 divisiones celulares. Luego multiplica para hallar la cantidad total de células.

b. Expresa en forma exponencial la cantidad de células de SARM que hay después de 9 divisiones celulares. Luego multiplica para hallar la cantidad total de células.

c. Expresa en forma exponencial la cantidad de células de SARM que hay después de *n* divisiones celulares. Observa que *n* es una variable que representa la cantidad de divisiones celulares.

Amebas misteriosas

    Imagina si pudieras cambiar de forma. En un momento eres largo y estrecho. En el siguiente momento eres redondo. La ameba es un organismo unicelular capaz de moverse. Las amebas cambian de forma para moverse. De hecho, se dice que tienen "falsos pies", que simplemente son extensiones de su cuerpo que ellas forman para moverse. Pueden cambiar la forma de su cuerpo para alejarse de un objeto o para rodear una fuente de alimento.

    Algunas amebas miden alrededor de 300 micrómetros de largo. La mayoría de ellas solo se pueden ver con un microscopio, pero algunas son visibles a simple vista.

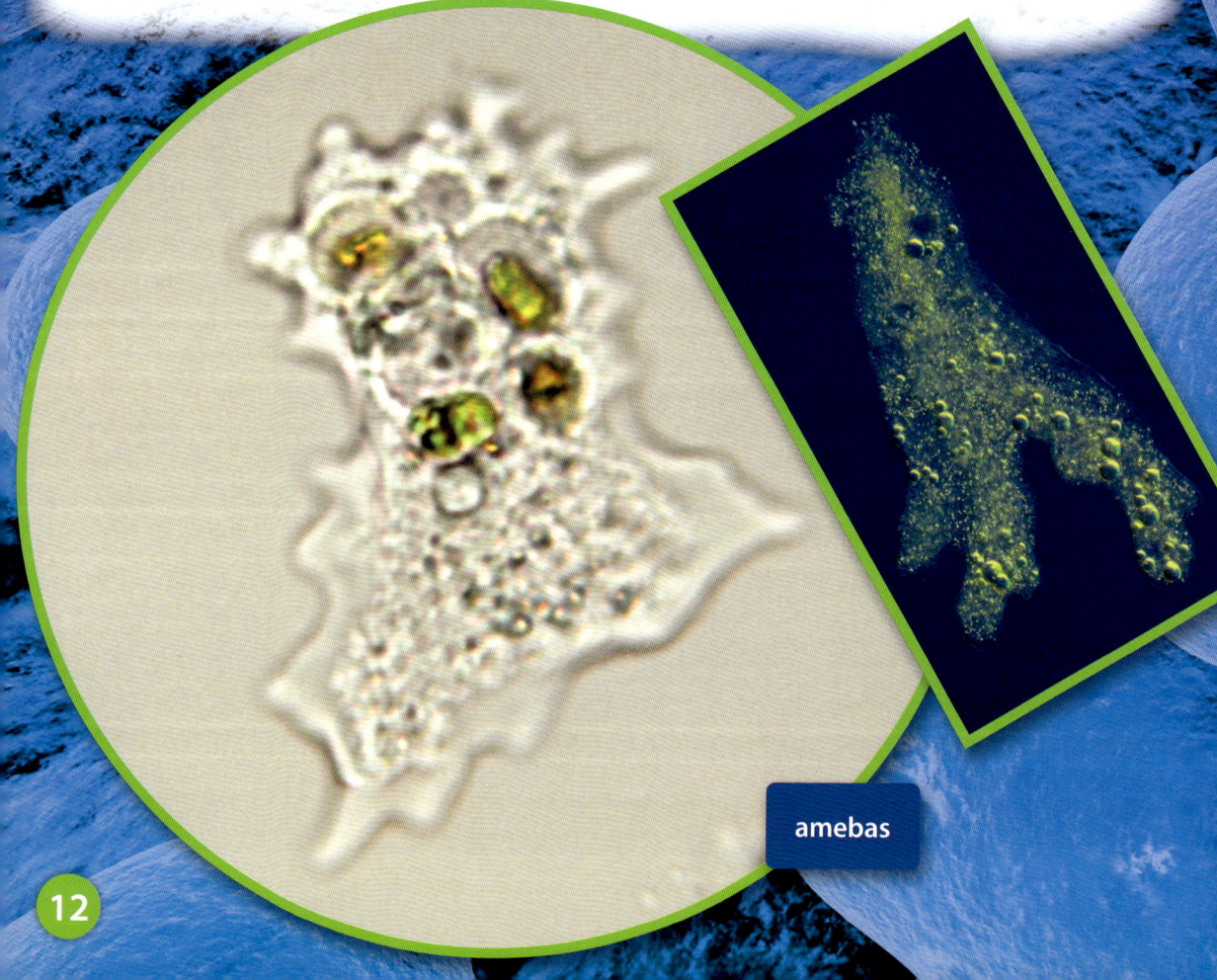

amebas

Las amebas son el sujeto de estudio de muchas investigaciones científicas. Es importante que los científicos cuenten con los materiales necesarios para investigar las amebas. Por ejemplo, se necesitan placas de Petri, microscopios, guantes y gafas de protección.

Se pueden utilizar variables y expresiones algebraicas para planificar qué materiales comprar.

Un científico observa una placa de Petri.

Observa el pedido de materiales de un laboratorio.

Laboratorio 1

Artículo	Expresión
placas de Petri	p
portaobjetos para microscopios	o
cajas de guantes	g

Ahora observa cómo se puede representar el pedido de otro laboratorio.

Laboratorio 2

Artículo	Expresión
el doble de placas de Petri que el lab. 1	$2p$
20 portaobjetos menos que el lab. 1	$o - 20$
la mitad de los guantes que el lab. 1, multiplicado por 3.5	$3.5(\frac{g}{2})$

Un biólogo hizo un experimento en el que se colocaron amebas en tres ambientes diferentes para estudiar su crecimiento.

Ambiente	Efecto en las amebas
A	La cantidad de amebas se duplicó.
B	La cantidad de amebas se redujo a la mitad.
C	La cantidad de amebas se triplicó.

a. Escribe expresiones para hallar la cantidad final de amebas en cada ambiente. Usa la variable n para representar la cantidad inicial de amebas.

b. Si $n = 20$, halla la cantidad final de amebas en cada uno de los ambientes.

c. ¿Qué ambiente parece ser el mejor para el crecimiento de las amebas?

d. ¿Qué ambiente parece ser el peor para el crecimiento de las amebas?

Euglenas

Al igual que las amebas, las euglenas son organismos unicelulares. Se mueven sacudiendo la cola, que es larga y fina. Esta cola se llama flagelo. Cuando las euglenas se reproducen por medio de la división, una de las células retiene el flagelo. La otra célula desarrolla un flagelo nuevo.

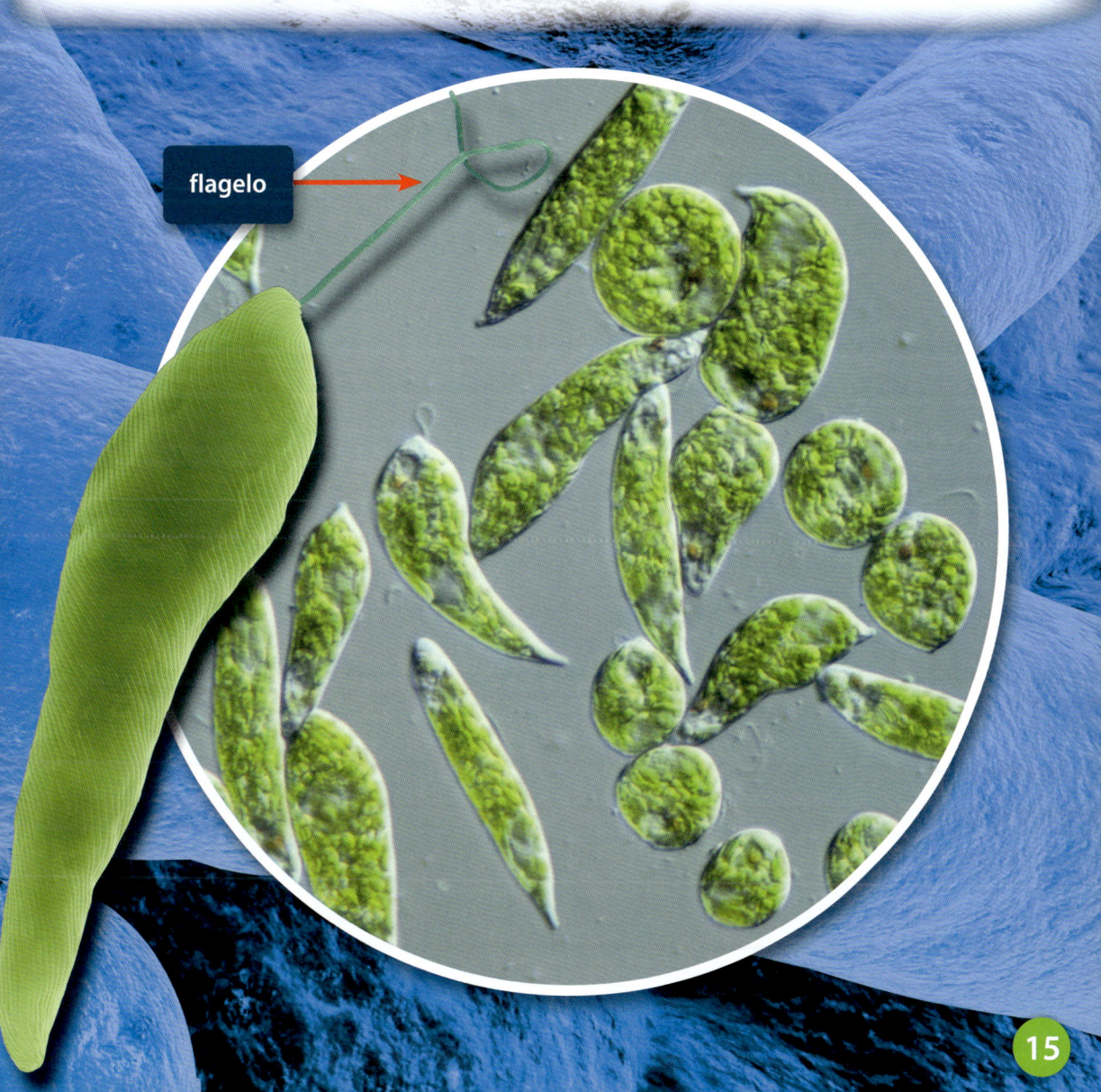

flagelo

Imagina que una placa de Petri tiene cuatro euglenas y otra tiene siete euglenas. Ahora imagina que cada euglena se divide una vez. Podemos mostrar la cantidad total de euglenas con la expresión $2(4 + 7)$ o $(4 + 7) \div \frac{1}{2}$. Luego quitamos tres de las euglenas. Ahora la expresión $2(4 + 7) - 3$ representa las euglenas restantes. Podemos hallar la cantidad total de euglenas siguiendo el orden de las operaciones.

El orden de las operaciones

El orden de las operaciones es el orden que debe seguirse para evaluar una expresión:

1. Evalúa dentro de los *agrupamientos*.
2. Evalúa los *exponentes*.
3. *Multiplica* o *divide* de izquierda a derecha.
4. *Suma* o *resta* de izquierda a derecha.

• Suma 4 + 7 dentro del agrupamiento.	$2(4 + 7) - 3$
• Multiplica 2 por 11.	$2(11) - 3$
• Resta 3 de 22.	$22 - 3$
• Has hallado que hay 19 euglenas.	19

• Suma 4 + 7 dentro del agrupamiento.	$(4 + 7) \div \frac{1}{2} - 3$
• Divide 11 entre $\frac{1}{2}$.	$11 \div \frac{1}{2} - 3$
• Resta 3 de 22.	$22 - 3$
• Has hallado que hay 19 euglenas.	19

Las euglenas pueden vivir en agua dulce o salada. Las grandes poblaciones que viven en lagos o estanques desarrollan "afloramientos" rojos o verdes. Algunas especies desarrollan quistes para protegerse contra la sequedad.

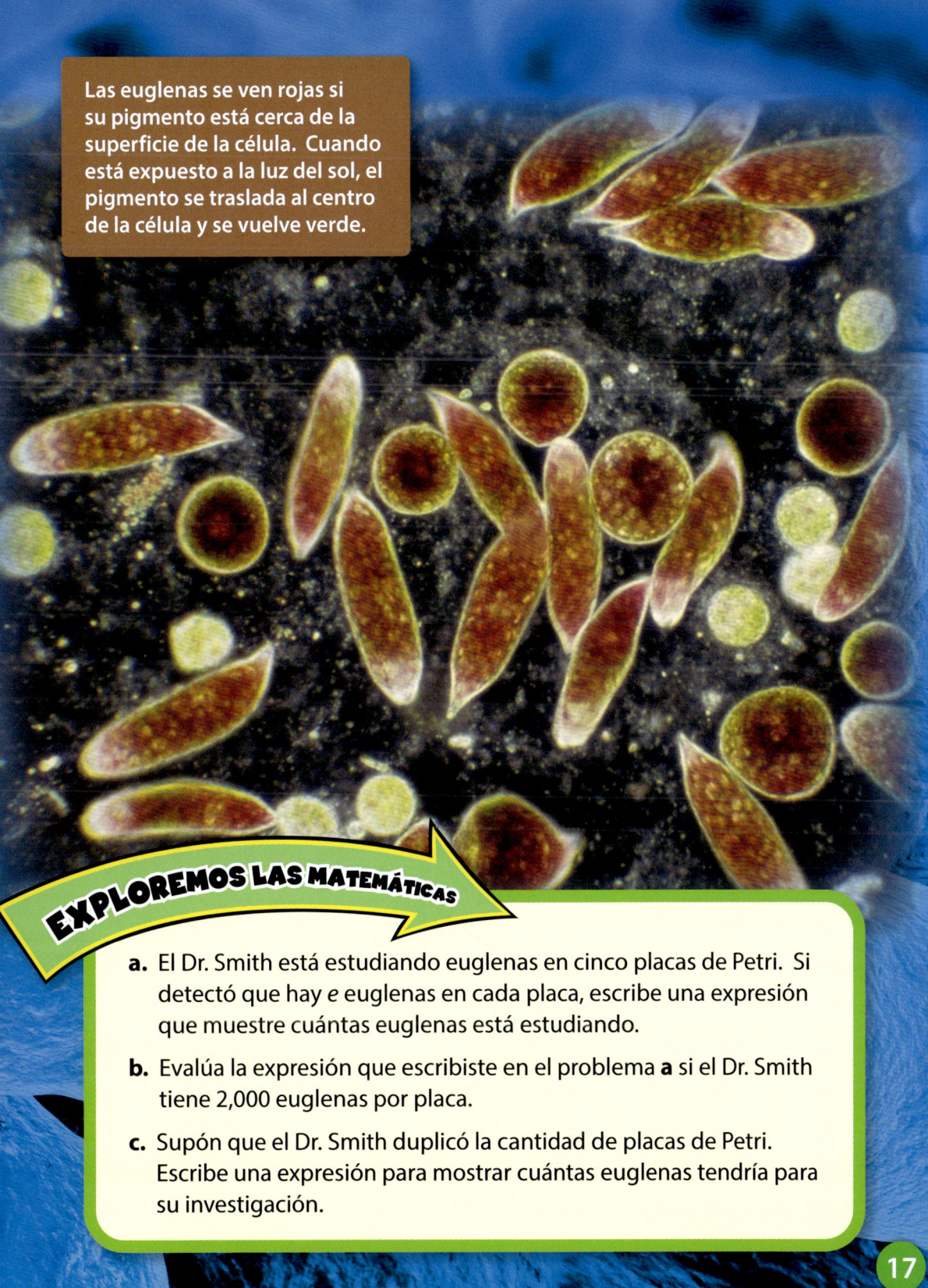

Las euglenas se ven rojas si su pigmento está cerca de la superficie de la célula. Cuando está expuesto a la luz del sol, el pigmento se traslada al centro de la célula y se vuelve verde.

EXPLOREMOS LAS MATEMÁTICAS

a. El Dr. Smith está estudiando euglenas en cinco placas de Petri. Si detectó que hay e euglenas en cada placa, escribe una expresión que muestre cuántas euglenas está estudiando.

b. Evalúa la expresión que escribiste en el problema **a** si el Dr. Smith tiene 2,000 euglenas por placa.

c. Supón que el Dr. Smith duplicó la cantidad de placas de Petri. Escribe una expresión para mostrar cuántas euglenas tendría para su investigación.

Imagina que dos biólogos están experimentando con euglenas. Cada biólogo tiene la misma cantidad de euglenas en cada placa de Petri, más algunas euglenas adicionales bajo un microscopio.

Biólogo	Cantidad de placas de Petri	Cantidad de euglenas adicionales bajo el microscopio
Biólogo A	4	126,000
Biólogo B	6	354,000

Podemos usar la variable *e* para representar la cantidad de euglenas que hay en cada placa de Petri, y podríamos escribir la siguiente expresión para mostrar la cantidad total de euglenas que tienen los dos biólogos:

$$4e + 126{,}000 + 6e + 354{,}000$$

Podemos **simplificar** la expresión de arriba combinando los **términos semejantes**. Los términos semejantes tienen las mismas variables y los mismos exponentes correspondientes. Una **constante** es un valor que se mantiene igual. Los números son constantes y también son términos semejantes.

términos semejantes

$$4e + 126{,}000 + 6e + 354{,}000$$

términos semejantes

Expresión simplificada: $10e + 480{,}000$

EXPLOREMOS LAS MATEMÁTICAS

Usa la información de la tabla de la página 18 para responder las preguntas.

a. Si la cantidad de euglenas que hay en cada placa de Petri (*e*) es igual a 242,000, ¿cuántas euglenas hay en total?

b. La bióloga C también está experimentando con euglenas. Tiene 8 placas de Petri con *e* euglenas por placa, más 467,000 euglenas adicionales bajo el microscopio. Escribe una expresión simplificada para la cantidad total de euglenas que tienen los tres biólogos.

La euglenas tienen una mancha ocular. Si bien no pueden ver el mundo que las rodea como lo vemos las personas, sí detectan la luz. La mancha ocular les permite evitar el exceso de luz y el exceso de oscuridad.

¿Notaste el color verdoso que tienen la mayoría de las euglenas? Muchas euglenas, al igual que las plantas, realizan la **fotosíntesis**. Mediante la fotosíntesis, un organismo produce su propio alimento con la ayuda de la energía de la luz solar. Al igual que en las plantas, el color verdoso de las euglenas se debe a la **clorofila**. Esta sustancia es usada por las euglenas y las plantas para realizar la fotosíntesis. Si bien las euglenas son capaces de producir alimento, también son consumidoras. De hecho, se sabe que las euglenas comen amebas.

Observa la mancha ocular y el color verdoso de la euglena.

Distintos experimentos han demostrado que muchas euglenas prefieren una luz moderada. Se colocaron grupos de euglenas en placas de Petri con la mitad de cada placa bajo una luz directa y la otra mitad en la oscuridad. Las euglenas tienden a moverse hacia el medio, que es el límite entre la luz y la oscuridad.

¿Por qué es que las euglenas prefieren recibir luz? Recuerda que la mayoría de las euglenas realizan la fotosíntesis. Así como las plantas se inclinan hacia su fuente de luz, las euglenas se mueven hacia la luz que les permitirá producir su propio alimento.

Imagina que un grupo de euglenas es expuesto a la luz durante cuatro horas, seis horas y luego ocho horas en un solo día. Si esto se repite durante cinco días, podríamos hallar la cantidad total de tiempo que las euglenas están a la luz con la expresión $5(4 + 6 + 8)$. Podemos evaluar la expresión de dos maneras.

Los dos métodos llevan a determinar que las euglenas pasan 90 horas a la luz. Ambos métodos siguen el orden de las operaciones. Como todos los valores dentro del agrupamiento se conocen, lo más fácil es usar el orden de operaciones en $5(4 + 6 + 8)$. La propiedad distributiva se usaría si no se conociera alguno de los valores.

Método 1: Multiplica por 5 el tiempo total de exposición a la luz:

- Resuelve primero dentro del agrupamiento. $\qquad$ $5(4 + 6 + 8)$
- Multiplica por 5. $\qquad$ $5(18)$
- Escribe la respuesta con la unidad correcta. $\qquad$ 90 horas

Método 2: Multiplica por 5 el tiempo de exposición a la luz de cada grupo:

- Multiplica por 5 cada término del agrupamiento. $\qquad$ $5(4 + 6 + 8)$
- Multiplica. $\qquad$ $5(4) + 5(6) + 5(8)$
- Suma. $\qquad$ $20 + 30 + 40$
- Escribe la respuesta con la unidad correcta. $\qquad$ 90 horas

La propiedad distributiva

¿Observaste que $5(4 + 6 + 8) =$ $5(4) + 5(6) + 5(8)$? Sabemos que esto es así por la propiedad distributiva. La propiedad distributiva establece que para todos los números *a*, *b*, y *c*, $a(b + c) = ab + ac$ y $a(b - c) = ab - ac$.

EXPLOREMOS LAS MATEMÁTICAS

En un experimento, las euglenas pasan cierto tiempo a la luz y en la oscuridad todos los días. Para cada problema, escribe una expresión que represente la cantidad de tiempo que las euglenas pasan a la luz. Usa el orden de las operaciones o la propiedad distributiva para evaluar la expresión, si es posible.

a. Experimento: 5 días; tiempo a la luz por día: 3 horas, 7 horas y 4 horas.

b. Experimento: 7 días; tiempo a la luz por día: 4 horas, 5 horas y *x* horas.

c. Evalúa la expresión del problema **b** cuando $x = 2$.

Bacterias

   ¿Qué ayuda a las vacas a digerir el pasto, se usa para hacer yogur y descompone los desechos? ¿Qué cosas pueden provocar una intoxicación alimentaria, infecciones y caries? Hay unos microbios diminutos que hacen todo eso. Esos microbios se llaman bacterias.

   Tenemos bacterias en nuestro sistema digestivo que nos hacen bien. Nuestro sistema inmunitario sabe cómo deshacerse de las bacterias. Por eso, algunas de las bacterias "buenas" tienen un recubrimiento especial que engaña al sistema inmunitario para que no las ataque.

   Las bacterias del sistema digestivo descomponen las paredes celulares de las plantas que comemos. De ese modo, los nutrientes beneficiosos que hay en las verduras que comemos pueden liberarse en nuestro sistema digestivo.

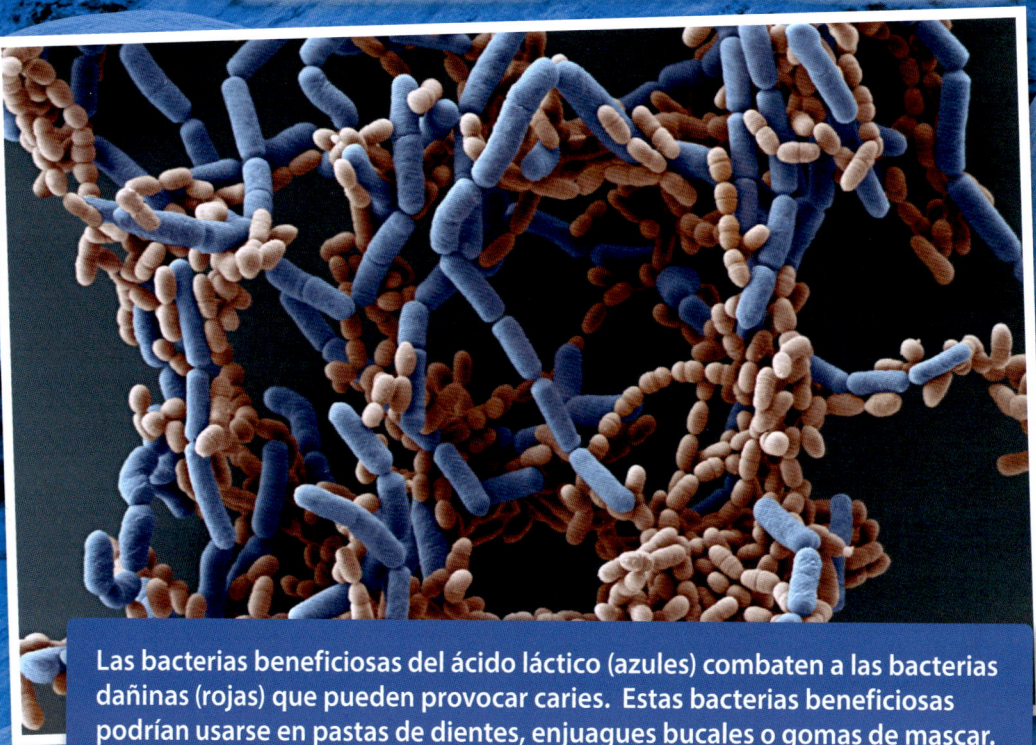

Las bacterias beneficiosas del ácido láctico (azules) combaten a las bacterias dañinas (rojas) que pueden provocar caries. Estas bacterias beneficiosas podrían usarse en pastas de dientes, enjuagues bucales o gomas de mascar.

El yogur se hace con la ayuda de ciertas bacterias. La leche tiene un tipo de azúcar llamado lactosa. Hay bacterias beneficiosas que comen la lactosa y usan el azúcar para obtener energía. Los desechos permanecen en la leche. Forman el ácido láctico. El ácido láctico produce cambios en la leche que ayudan a producir yogur.

Imagina tres fábricas que producen yogur. ¿Cuántas cajas de yogur producen las fábricas por día en total?

La fábrica 1 produce un determinado número de cajas por día.　　x

La fábrica 2 produce 7 veces más cajas que la fábrica 1.　　$7x$

La fábrica 3 produce el triple de cajas que la fábrica 1.　　$3x$

• Escribe una expresión.　　　　　　　　　　　　　　　$x + 7x + 3x$

> **Si no hay un coeficiente adelante de la variable, entonces el coeficiente es igual a 1.**

• Combina los términos semejantes para simplificar la expresión.　　$x + 7x + 3x = 11x$

La expresión simplificada es $11x$. Hay $11x$ cajas de yogur en total.

Imagina que las fábricas 1 y 2 duplican su producción diaria, pero la fábrica 3 la triplica. La cantidad de cajas producidas por día se podría representar con la expresión que se muestra abajo.

$$2(x + 7x) + 3(3x)$$

- Aplica la propiedad distributiva. $2(x) + 2(7x) + 3(3x)$
- Aplica el orden de las operaciones. $2x + 14x + 9x$
- Combina los términos semejantes. $25x$

Se producen $25x$ cajas de yogur por día.

Un hombre trabaja en una cadena de producción de yogur en una fábrica de productos lácteos.

Tasas de crecimiento

Los seres vivos crecen a diferente ritmo. A veces los seres más diminutos crecen rapidísimo, mientras que los más grandes crecen bastante lento.

Las bacterias de *Staphylococcus aureus* se dividen aproximadamente una vez cada 30 minutos. En dos días (48 horas), se producen 96 divisiones. Si comenzamos con cinco células y todas sobreviven, ¿cuántas células habrá dos días después? $5 \cdot 2^{96} = 396{,}140{,}812{,}571{,}321{,}687{,}967{,}719{,}751{,}680$ células

¡Es un aumento de 396,140,812,571,321,687,967,719,751,675 células en apenas dos días!

Los cactus son una de las plantas de crecimiento más lento del mundo. El cactus saguaro crece sólo una pulgada (2.5 cm) en sus primeros 10 años de vida. Puede tardar hasta 75 años en crecerle una rama. Con el tiempo, los saguaros pueden alcanzar una altura de 15 a 50 pies (de 4.6 a 15.2 m), y llegan a vivir más de 150 años.

Los seres vivos pueden multiplicarse hasta convertirse en 396,000 cuatrillones de células en dos días (como las bacterias de SARM) o pueden crecer tan lento como un cactus: pero todos crecen, ¡nos guste o no!

cactus saguaros en el desierto de Sonora

Brote de *E. coli*

Una cepa de la bacteria *E. coli* contaminó ciertos alimentos, y muchas personas de seis pueblos se enfermaron de gravedad.

Semana 1: Pueblo Enfermo informó 60 casos más que Pueblo Náuseas.

Semana 2: Se triplicó la cantidad de casos nuevos en Pueblo Enfermo, Pueblo Muy Enfermo y Pueblo Enfermísimo. La semana pasada, informaron 70, 79 y 81 casos, respectivamente.

Semana 3: Pueblo Descompuesto y Pueblo Indispuesto ahora informan que los casos se cuadriplicaron desde el primer brote.

¡Resuélvelo!

a. Escribe expresiones que muestren la cantidad de casos informados por Pueblo Enfermo en las semanas 1 y 2, basándote en la cantidad de casos que hubo en Pueblo Náuseas.

b. Escribe una expresión que muestre la cantidad de casos informados en la semana 3. Sea d la cantidad de casos informados primero por Pueblo Descompuesto. Sea i la cantidad de casos informados primero por Pueblo Indispuesto.

c. Evalúa la expresión que escribiste en el problema **b** si $d = 30$ e $i = 20$.

d. Una célula bacteriana de *E. coli* se dividió tres veces en una hora. Escribe una expresión para representar la cantidad de bacterias después de n horas. ¿Cuántas habría al cabo de 3 horas?

Usa estos pasos como ayuda para resolver los problemas.

Paso 1: Para resolver el problema **a**, usa c para representar la cantidad de casos informados por Pueblo Náuseas. Para los casos informados en la semana 1, escribe una expresión que muestre 60 más que c. Para los casos informados en la semana 2, escribe una expresión para el triple de 60 más que c. Simplifica la expresión.

Paso 2: Para resolver el problema **b**, piensa qué significa "cuadruplicar".

Paso 3: Para resolver el problema **c**, sustituye las variables con los valores en tu expresión.

Paso 4: Para resolver el problema **d**, usa la forma exponencial para representar el crecimiento de las bacterias. Usa la variable n para representar la cantidad de horas. Luego evalúa la expresión cuando $n - 3$.

Glosario

base: el número que se usa como factor en la forma exponencial

clorofila: una sustancia que algunos organismos utilizan para producir su propio alimento

coeficiente: el número por el que se multiplica a una variable; 8 es el coeficiente en $8b$

constante: una cantidad que no cambia nunca

evaluar: hallar el valor de

exponente: un número que indica cuántas veces se multiplica una base por sí misma; en a^b, b es el exponente

expresión algebraica: una frase matemática que es una combinación de uno o más números y variables, y una o más operaciones

expresiones numéricas: frases matemáticas que son una combinación de uno o más números y una o más operaciones

forma exponencial: la forma a^b, que muestra la cantidad de veces (b) que un número (a) debe multiplicarse por sí mismo

fotosíntesis: el proceso por el cual un organismo utiliza la luz para producir su propio alimento

microbios: seres vivos que solo pueden verse ampliándolos, por ejemplo, con un microscopio

micrómetro: una milésima de milímetro; $1 \mu = 0.001$ mm

reproducción: el proceso por el cual un organismo produce otro de su misma especie

simplificar: combinar términos semejantes y aplicar propiedades matemáticas a una expresión hasta que no se puedan realizar más operaciones

términos: las partes de una expresión o ecuación algebraica, como números, variables o combinaciones de ambos

términos semejantes: los términos de una expresión matemática que tienen las mismas variables y los mismos exponentes correspondientes

variables: símbolos o letras que representan valores desconocidos

Índice

Exploremos las matemáticas

Página 8:

a. 1,020 micrómetros

b. Para convertir milímetros en micrómetros, se multiplica el número de milímetros por 1,000.

Página 11:

a. $2^6 = 64$ células

b. $2^9 = 512$ células

c. 2^n células

Página 14:

a. Ambiente A: $2n$; Ambiente B: $\frac{n}{2}$ o $n \cdot \frac{1}{2}$; Ambiente C: $3n$

b. Ambiente A: 40 amebas; Ambiente B: 10 amebas; Ambiente C: 60 amebas

c. Ambiente C

d. Ambiente B

Página 17:

a. $5e$

b. $5(2,000) = 10,000$ euglenas

c. $2(5e)$ o $10e$

Página 19:

a. 2,900,000 euglenas

b. $18e + 947,000$

Página 23:

a. $5(3 + 7 + 4)$; 70 horas

b. $7(4 + 5 + x)$; $63 + 7x$ horas

c. $63 + 7(2) = 77$ horas

Resolución de problemas

a. semana 1: $c + 60$; semana 2: $3(c + 60) = 3c + 180$

b. $4(d + i)$ o $4d + 4i$

c. 200 casos

d. 8^n; 512 células bacterianas